Consejos Prácticos Para Vivir Feliz

Sabiduría en enseñanzas breves
para una vida cristiana
plena y fructífera

Andrés Reina

Copyright ©2012 - 2016 Andrés Reina

Copyright © 2012 - 2016 Editorial Imagen.
Córdoba, Argentina

EditorialImagen.com
All rights reserved.

Edición revisada y corregida en Octubre 2016

Todos los derechos reservados. Ninguna parte de este libro puede ser reproducida por cualquier medio (incluido electrónico, mecánico u otro, como ser fotocopia, grabación o cualquier sistema de almacenamiento o reproducción de información) sin el permiso escrito del autor, a excepción de porciones breves citadas con fines de revisión.

Todas las referencias bíblicas son de la versión Reina-Valera 1960, copyright © 1960 by American Bible Society excepto donde se indica:
TLA - Traducción Lenguaje Actual, Copyright © 2000 by United Bible Societies.
NVI - Nueva Versión Internacional, Copyright © 1999 by Biblica.

CATEGORÍA: Vida Cristiana

Impreso en los Estados Unidos de América

ISBN-13:
ISBN-10:

INDICE

Introducción 1

Prólogo 3

Generalidades del libro de Proverbios 9

1 Cómo conseguir sabiduría 13

    ¿Qué es la sabiduría? 15

    ¿Cómo puedo ser sabio? 16

2 Cómo alcanzar tus metas 25

    ¿Por qué establecer metas? 26

    ¿Qué tipo de objetivos debería establecer? 29

3 Cómo tener un hogar feliz 37

    1. Establece un matrimonio sólido 39

    2. Adopten prácticas efectivas para la crianza de los hijos 44

    3. Mira a tus hijos como pequeños "tú" 46

4 Cómo aplicar la disciplina personal 49

    1. Eleva tus estándares más altos 51

    2. Acepta una gratificación demorada 54

    3. Enfócate en tu corazón, tu mente y tus acciones 56

    4. Decídete a hacerlo ya mismo.................................59

5 Cómo elegir a los amigos correctos 63

    Datos de la amistad..64

    El tipo de "amigos" a evitar.....................................66

    El tipo de amigos que conviene aceptar 70

6 Cómo superar el orgullo 75

    1. ¿Qué es el orgullo?..76

    2. Lo que el orgullo malo produce (Las tres D) 78

    3. ¿Qué puedes hacer al respecto? 80

7 Cómo protegerte de las habladurías 85

    1. Entiende qué es el chisme...................................87

    2. Reconoce el poder destructivo del chisme................87

    3. Se parte de una alternativa justa..........................90

8 Cómo experimentar la prosperidad....................... 95

    1. Busca la sabiduría en todas las áreas 97

    2. Se generoso en todo lo que tengas 99

    3. La motivación correcta.....................................101

    4. Trabaja duro y planifica bien.............................103

    5. Confía en el Señor con todo tu corazón 104

Guía de estudio **107**
    Cómo Conseguir Sabiduría 107

    Excelencias de la Sabiduría 111

    Exhortación a la obediencia... 114

    Sabiduría para Muchas Generaciones 118

Libro de Regalo..**121**

Recursos para tu edificación..............................**123**

Más Libros del Autor **127**

Más libros de Interés..**129**

Introducción

Decidí escribir este libro porque siento una gran necesidad de compartir lo que he aprendido. Este libro está basado en el famoso libro de los Proverbios, en el cual podemos encontrar consejos y enseñanzas provenientes de varios sabios del pueblo de Israel. Partiendo de experiencias individuales y comunitarias, estos sabios recogieron enseñanzas para el bien de su pueblo. La mayoría de estas enseñanzas fueron transmitidas en forma oral, y de padres a hijos. Buena parte de ellas ha llegado hasta nosotros en forma escrita, en el libro que se conoce hoy día como el Libro de Proverbios.

Cuando era adolescente, mi padre me regaló una copia de este libro con tapas duras en la versión "Dios Habla Hoy." Fue toda una experiencia leerlo en un lenguaje más actual. Las enseñanzas aprendidas en aquellos días todavía van conmigo y han prosperado cada área de mi vida mucho más de lo que hubiera podido imaginar.

Hay mucha gente que va por esta vida todavía sin saber cuál es su propósito o se encuentran perdidos cuando tienen que tomar alguna decisión importante. Muy pocas personas saben que existe un libro muy antiguo que tiene principios de vida e instrucciones precisas y concretas para toda situación que vivamos.

El libro de Proverbios es parte del manual de usuario del ser humano que Dios como creador dejó a todos sus hijos. A pesar de que mucha gente tiene a la Biblia como un libro religioso, es mucho más que eso.

En este libro he usado las mejores traducciones y las más modernas para una fácil lectura y una mejor comprensión de lo que el autor está queriendo decir. Proverbios me ha ayudado a entender cómo Dios quiere que vivamos cada día.

Los consejos y enseñanzas aquí expuestos pueden ayudarte a mejorar en todos los aspectos de tu vida personal y en todas las actividades de tu vida cotidiana.

Una advertencia: La sola lectura de este libro no cambiará tu vida. Debes ponerte como meta actuar en lo que ya has leído.

"No se contenten sólo con escuchar la palabra, pues así se engañan ustedes mismos. Llévenla a la práctica. El que escucha la palabra pero no la pone en práctica es como el que se mira el rostro en un espejo y, después de mirarse, se va y se olvida en seguida de cómo es. Pero quien se fija atentamente en la ley perfecta que da libertad, y persevera en ella, no olvidando lo que ha oído sino haciéndolo, recibirá bendición al practicarla." Santiago 1:22-24 (NVI).

Prólogo

Por José Reina

Es increíble cómo un libro puede impactar la vida de una persona. A veces olvidamos que cuando abrimos las páginas de una obra literaria no solamente tenemos el contenido intelectual que ella transmite a través de los signos ortográficos que forman las palabras y expresan el mensaje, sino que también hay un contenido espiritual, que precisamente es más poderoso que la misma palabra del escritor. Este es el caso de la Biblia.

Lo que quiero decir es que aunque el mensaje sea expresado a través del vocabulario humano, el origen es divino. Así se produce el gran milagro. El poder de Dios se derrama poderosamente por medio del canal humano. El Señor Jesucristo quiso enseñarnos esta verdad cuando dijo:

"El Espíritu da vida; la carne no vale para nada. Las palabras

que les he hablado son espíritu y son vida." Juan 6:63 (NVI)

Habla de lo que es en esencia su palabra. Espíritu. Vida. Esto es lo que recibimos cada vez que leemos sus palabras. Y esto se aplica a toda la Biblia desde Génesis hasta Apocalipsis. Creo que generalmente no somos conscientes del poder que hay en la Palabra de Dios. Es a través de ella que Dios manifiesta su gloria y su poder. Y también través de ella aumenta nuestra fe para que se produzcan milagros maravillosos en nuestra vida.

Sí, un libro puede cambiar una vida. Solo porque su impacto puede ser decisivo. Su información iluminadora. Eso fue para mí el libro de PROVERBIOS. Por eso les comparto un testimonio del impacto que puede causar un libro.

Mi infancia fue muy difícil. Tanto como caminar en una gran despensa pero con los ojos vendados. Al no tener a mis padres, sentía el miedo del desamparo. La soledad del que ignora porque no tiene a nadie que le enseñe. Y el miedo a preguntar para no sentirte avergonzado al hacer una pregunta tonta. Claro que posteriormente aprendí, que nunca hay preguntas tontas, sino más bien, tontos que no preguntan. Pero la ignorancia trae miedo. Un miedo que te paraliza y que te hace creer que no puedes estudiar y aprender normalmente como los otros. Por muchas razones que tienen que ver con el contexto familiar y social que no voy a describir aquí por el espacio.

Escribiendo en orden prioritario el gran encuentro que cambio mi vida, fue el encuentro personal con Jesucristo. Hoy sé, por experiencia personal, que nadie que mire con fe a Jesucristo vuelve a ser la misma persona. Lo sé porque hoy no tengo miedo. Y necesitaría muchas páginas para tratar de describir tan maravillosa experiencia.

El segundo gran encuentro – que es el tema de este libro - fue con SU PALABRA, es decir, la Biblia. No tengo palabras para describir el sentimiento de libertad que eso trae. Supongo que es como se sentirá un ave a la que le cortaron las alas y luego de mucho tiempo le brotan nuevamente y puede elevarse otra vez por los aires ¡en total libertad! ¡También tendría aquí mucho que contar!

Pero para ser objetivo voy - como se dice generalmente - ¡al grano! Todos los libros que hacen el conjunto de la biblia, fueron esa bendición que trajo luz en mi oscuridad y dirección en mi camino.

Pero en mi caso, en el área de mi relación filial (entre Padre e Hijo) el libro de PROVERBIOS parecía hacer emanar a través de sus palabras la figura del padre ausente humanamente hablando. Ahora estaba presente en la figura de un Dios Padre amoroso. Me sentaba con sus páginas entre mis dedos, volviendo una y otra vez, sobre los mismos consejos, proverbios que ilustraban con ejemplos las diferentes áreas de la vida de una persona. Me encantaba subrayar verso por verso... los consejos que llegaban a mi corazón sediento... no sólo de consejos sino de amor.

Y el Padre me hablaba a través de sus palabras con mucho amor.... era cuestión cada día de abrir Proverbios, para sentarme con Él y escuchar sus dulces palabras, al atardecer en el jardín o en la mesa de la casa. A veces su presencia era tan real, que parecía que me hablaba con su voz queda pero amorosa, mientras me rodeaba con su brazo. Era un aliento para un joven de solo dieciséis años saber que Sus palabras eran la mejor garantía para una vida mejor.

De pronto, aprendí a reconocer lo que era la verdadera confianza en el carácter de un Padre. Claro que esto puede parecer hasta exagerado. A veces cuando enseño en mis clases de Estudio Bíblico les digo: "Pasen mucho tiempo con el libro de PROVERBIOS. Para mí este libro fue como el padre que no tuve para enseñarme desde niño. Yo aprendí de esas páginas que Mi Padre Dios me ama y me enseña inteligencia y sabiduría, cómo escoger mis amigos, cómo apartarme de las malas compañías, escoger tu compañera adecuada, o cómo hacer buenos negocios y alcanzar lo más importante de la vida... ¡la bendición del Señor!..."

Proverbios es una recopilación de dichos sabios sobre los asuntos prácticos de la vida diaria. Por eso me apasiona tanto este libro. No habla de teorías bonitas, sino de principios que fueron probados en la vida del autor. Tanto para bien, como para su mal. Responde a una infinidad de preguntas, que nadie más puede respondernos. Es decir, tiene respuestas precisas para el quehacer de la vida. Sus principios harán de tu vida una senda llena de expectativas, como lo expresa el escritor sagrado:

"Mas la senda del justo es como la luz de la aurora: que va en aumento hasta que el día es perfecto." Proverbios 4.18 (RVR60)

¡Qué maravilloso plan para trazar una vida con propósito y entusiasmo! El autor ha logrado a través de las siguientes páginas hacer un análisis de los temas fundamentales que nos ayudan a tener éxito en las áreas más importantes de la vida. Ha sido para mí soplo de inspiración el estudiarlas con mucha atención.

El joven encontrará aquí principios prácticos que funcionan para una vida dinámica y de logros. Y toda persona se sentirá inspirada para establecer nuevas metas. Que Dios te bendiga mientras recorres estas páginas llenas de sabiduría!

Generaladidades del libro de Proverbios

Quizás sea importante preguntarnos ¿Qué es un proverbio? Generalmente es una expresión breve, extraída de la sabiduría popular, como por ejemplo: "En casa de herrero, cuchillo de palo." Muchas veces se hace énfasis en contrastar lo opuesto a una verdad. Teniendo en cuenta el origen hebreo de la palabra "proverbio" nos indica también relatos más largos con la característica de consejos a través de contrastes muy opuestos para resaltar la importancia de estas verdades en el carácter de un hombre.

Es increíble cómo el Espíritu Santo guió al escritor sagrado a escribir este libro de una manera especial para los jóvenes, con ejemplos e ilustraciones (algunos muy graciosos) para que queden impresos en la memoria. Las metáforas son de un orden muy práctico recorriendo temas tales como: El temor de Dios, el amor a la sabiduría, la confianza en la palabra de Dios y su carácter, la actitud con las riquezas y el comportamiento con los pobres. Llevándonos a temas como la moralidad, la educación de los niños, el buen humor o la importancia de apartarse de las malas amistades, solo por nombrar algunos.

Otra pregunta importante que debemos hacernos: ¿Quién es el autor? Se atribuye este libro a Salomón. Como se describe en 1:1: "Proverbios de Salomón". Su nombre implica el significado de hombre de paz o pacificador. Era hijo del Rey David, habiendo recibido una educación muy esmerada. También se había orado por su vida (Sal 72:1), lo que sin duda es el claro efecto de su sabiduría y el diligente servicio a su pueblo.

¿Para quiénes se escribió este libro? (ver vv. 2-4). El propósito era para el uso y beneficio de todos los que buscaran la sabiduría. Y podemos ver brevemente que su estudio nos ayudará:

- A alcanzar el conocimiento correcto de las cosas y tener así ideas claras para saber cómo hablar y actuar en las circunstancias que se nos presenten.

- También el conocimiento necesario que nos permitirá ver objetivamente la clara diferencia entre la verdad y la mentira. Las tinieblas y la luz.

- Nos enseñará a alinear correctamente nuestra conducta según los principios divinos.

- Lo cierto es que al recorrer sus páginas asombra descubrir, cómo Dios en su gran amor no solo nos trata de convencer de la verdad de su palabra a través de preceptos y mandamientos, sino que también lo hace a través del testimonio de un hombre que por su experiencia y sabiduría grita a los cuatro vientos ¡los principios de Dios funcionan! ¡Los principios de Dios te llevan al verdadero éxito!

Tal lo expresado en el verso 33 del capítulo uno: *"Pero el que me obedezca vivirá tranquilo, Sosegado y sin temor del mal."*

Este libro impacta, ¿Cómo no obedecer a Dios, si Él por puro amor me ofrece esta clase de vida? Yo te aconsejo que pases tiempo con Proverbios. Lee cada capítulo, vuélvelo a leer en otra versión, subraya, anota, escucha al Padre y ora: "Señor ¡por favor!...revélame tu sabiduría. Dame un corazón entendido, hazme inteligente conforme a tu palabra!"

Así, progresivamente, iremos encontrando perlas de gran valor para ayudarnos en el éxito y el bienestar de nuestra vida. La proyección es muy importante, si tenemos en cuenta los principios de Dios seremos felices nosotros y haremos felices a los que nos rodean y amamos.

1
Cómo conseguir sabiduría

¿Alguna vez has escuchado de los "Premios Darwin" (DarwinAwards.com)? Son premios que se otorgan cada año a las personas que toman realmente malas decisiones en la vida. Quiero compartir dos que me llamaron la atención:

28 de mayo de 2004, Italia. Fabio, de 28 años, dejó el negocio familiar dedicado a la cría de avestruces para tomar un nuevo trabajo como camionero. Pero sus intereses iban mucho más allá de ser un camionero promedio o un simple criador de avestruces. Una noche, relajándose con sus amigos en un pub de Cursi, en la provincia italiana de Lecce, Fabio giró la conversación hacia su nuevo interés, los dispositivos espía. Sacó una pluma de aspecto ordinario de su bolsillo y explicó que en realidad era una pistola de un solo disparo. Para demostrarlo, apuntó el bolígrafo hacia su cabeza e hizo

clic en el botón. El dispositivo hábilmente disimulado funcionó a la perfección, enviando una bala calibre 22 al lóbulo occipital izquierdo de Fabio.

29 de abril de 2004, Brushy Fork, Estados Unidos. Alfredo, de 63 años, tenía problemas con las termitas en su casa. Había escuchado que el gas natural era peligroso y pensó que sería una buena forma de fumigar su casa y de paso ahorrar unos dólares. Fue así que cerró las puertas y ventanas de su hogar, encendió el gas y pasó la noche en el campamento de remolques con su esposa. A la mañana siguiente salió del remolque, tomó una bocanada de aire fresco y camino hacía su casa. Cuando abrió la puerta, la leve chispa del cerrojo encendió la nube de gas natural que se había acumulado en la casa. La fuerza de la explosión lo hizo volar fuera del porche y lo tiró hasta un arroyo cercano, derribó los palos de los cables de teléfono. Dejó sin electricidad a todo el pueblo y hasta arrancó las puertas de una iglesia. Vibraron las ventanas y también los dinteles de muchas casas por seis millas a la redonda. Alfredo fue evacuado en helicóptero a la unidad de quemados en el Hospital Cabell-Huntington con graves quemaduras. Su casa no tenía seguro, y con tamaña explosión, se presume que la fumigación fue eficaz.

Aunque estos ejemplos son muy extremos, veo que estos hombres nunca aprovecharon la siguiente promesa de Dios:

"Si a alguno de ustedes le falta sabiduría, pídasela a Dios, y él se la dará, pues Dios da a todos generosamente sin menospreciar a nadie." Santiago 1.5 (NVI)

¿Qué es la sabiduría?

Antes de pasar a las definiciones, creo que necesitamos entender lo que no es sabiduría: la sabiduría no es inteligencia y no tiene que ver con la edad ni con la riqueza. Todos conocemos personas inteligentes, ancianos o ricos que toman decisiones muy tontas. Así que voy a darte unas definiciones básicas.

Sabiduría es:

1. La capacidad de discernir lo que es verdadero, correcto o duradero y actuar en congruencia.

2. Lo contrario de estupidez.

El libro de Proverbios nos deja muy en claro que la sabiduría es algo que no sólo debemos buscar, sino que tenemos la promesa de Dios de que si estamos dispuestos, él nos hará personas sabias.

"La sabiduría se deja oír
por calles y avenidas.
Por las esquinas más transitadas
y en los lugares más concurridos
se le oye decir con insistencia:
«Ustedes, jovencitos sin experiencia,
enamorados de su propia ignorancia;
y ustedes, jovencitos malcriados,
que parecen muy contentos
con su mala educación,
¿seguirán siendo siempre así?
Y ustedes, los ignorantes,

¿seguirán odiando el conocimiento?
¡Háganme caso cuando los instruya!
Así compartiré con ustedes
mis enseñanzas y pensamientos." Proverbios 1.20-23 (TLA)

Creo que todos queremos ser personas sabias y tomar decisiones sabias, así que la pregunta que sigue es la siguiente:

¿Cómo puedo ser sabio?

Antes de darte las respuestas, es necesario subrayar que esto lo hago con total humildad, ya que así como tú, yo estoy continuamente trabajando en esta área, y a pesar de que ya he adquirido cierta sabiduría en el camino, aún tengo un largo trecho por recorrer. Aún así, me siento obligado a compartir lo que Dios me ha enseñado y éstas son las verdades que he descubierto. Veamos entonces cómo podemos ser sabios:

1. Comprender el valor de la sabiduría

Si yo realmente valoro algo, haré todo lo necesario para tenerlo en mi poder. Ahora, si no valoras la sabiduría, nada que yo diga va a hacer mucha diferencia en ti, pero si comprendes el valor de la misma, entonces comenzarás a actuar sobre esto inmediatamente.

"Dichoso el que halla sabiduría, el que adquiere inteligencia. Porque ella es de más provecho que la plata y rinde más ganancias que el oro. Es más valiosa que las piedras preciosas: ¡ni lo más deseable se le puede comparar! Con la mano derecha ofrece larga vida; con la izquierda, honor y riquezas." Proverbios 3:13-16 (NVI)

Me encanta lo que dice esta traducción:

"Dios bendice al joven
que actúa con sabiduría,
y que saca de ella más provecho
que del oro y la plata.
La sabiduría y el conocimiento
valen más que las piedras preciosas;
¡ni los tesoros más valiosos
se les pueden comparar!
Por un lado, te dan larga vida;
por el otro, buena fama y riquezas." Proverbios 3:13-16 (TLA)

Puedes tener una cartera de acciones fantásticas y una hermosa casa, ser la envidia de todos tus amigos y familiares, pero si continuamente tomas malas elecciones, entonces nunca podrás vivir una vida de completa satisfacción ni experimentar alegrías duraderas. Piensa en algunas de las personas más famosas que ves por ahí hoy en día: gente como Paris Hilton, o Howard Stern o algunas otras que son tan populares en nuestra cultura. Te puedo apostar que la mayoría de ellos no son personas que valoren la sabiduría. Y la razón por lo que sé esto es porque aunque tienen todos los bienes materiales que una persona pudiera desear, constantemente toman decisiones tontas.

¿Sabes cuándo decidí perseguir la sabiduría? Fue después de descubrir que estaba tomando una elección tonta tras otra. La mayoría de nosotros no comenzamos por darle el valor adecuado a la sabiduría, hasta hemos hecho el ridículo una y otra vez. Es cuando eres joven y finalmente te das cuenta que la razón por la que te siguen despidiendo es porque no llegas a tiempo al trabajo o la razón por la que no puedes mantener una relación estable es porque te has negado a permanecer monógamo, o te das cuenta de que tus cheques siguen rebotando porque aún no te has dado cuenta que una gran cantidad de cheques en tu chequera no equivale a tener una gran cantidad de dinero en el banco para cubrirlos. Dios dice claramente que la sabiduría es de un valor superior: una vez que tú y yo aprendamos eso, estaremos en el camino correcto con el fin de adquirir la sabiduría que Dios nos ofrece.

2. Tener un sano temor de Dios

Haider Sediqi no le dio mucha importancia a la bolsa que un pasajero olvidó en su taxi cuando se bajó en el Aeropuerto Internacional de Los Ángeles. Sediqi escondió la bolsa marrón en la parte delantera, donde permaneció mientras llevaba su taxi al lavado de autos, llevó a un pasajero a Long Beach y se encontró con un compañero para el almuerzo.

Mientras caminaba hacia los baños, Sediqi le pidió a su amigo que buscara en la bolsa alguna identificación. Dentro, empaquetados en estuches de plásticos transparente, había más de 100 diamantes, que juntos tenían un valor de aproximadamente $350,000 dólares, también dentro había un recibo de teléfono móvil. Sediqi, de 40, padre de dos con una mujer embarazada, llamó al número y hablo con el hombre, identificado como Eric Austein. No había salido aún de Nueva York y se organizaron para encontrarse en la estación de policía del aeropuerto. La policía inventarió los diamantes y confirmó la identidad de Austein. Austein tomó las gemas, abrazó a Sediqi y le prometió una recompensa. Sediqi dijo que quedarse con el botín nunca pasó por su mente, a pesar de que a su esposa le encantan los diamantes. "Dios está allá arriba", dijo. "Siempre mira." (Star-Telegram, www.dfw.com , 11-19-05)

Creo que es algo que todos tenemos que recordar a lo largo de nuestras vidas. No es que vivamos con temor de Dios en el sentido de que tengamos miedo a que vaya a fulminarnos o como si solo esté esperando a que hagamos algo malo para castigarnos rápidamente. Cuando hablamos de temer a Dios estamos diciendo que debemos tener sumo respeto por Él, por lo que piensa y lo que desea para nosotros.

"El temor de Jehová es el principio de la sabiduría, y el conocimiento del Santísimo es la inteligencia." Proverbios 9:10 (RVR60)

¿No es interesante que el escritor del proverbio diga que el temor es el punto de partida? Si queremos ser sabios primero tenemos que reconocer que Dios es real, que vela por nosotros, que Dios está sobre todo, es todo poderoso y que él es el creador. Tenemos que reconocer todos los días que él es Dios y no nosotros. Hasta que no entendamos la realidad de la presencia de Dios tanto en nuestro mundo como en nuestras vidas, no podremos crecer en sabiduría. Cuando lo vemos como Él es realmente y comenzamos a seguirlo como quien conoce el camino, habremos dado el primer paso hacia la sabiduría. Todo esto tiene mucho que ver con el concepto de "reverencia", que significa tener un profundo temor, respeto y amor a Dios. Una vez que lo tienes, lo demás comienza a acomodarse en su lugar.

3. Buscar consejos sabios

Recuerdo vívidamente cuando era más joven y pensaba que no era necesario que alguien me dijera cómo hacer las cosas. Esto era especialmente cierto cuando se trataba de mis padres y estoy seguro de que tú tuviste la misma experiencia. ¿No es sorprendente cómo las mismas personas que parecían no tener ni idea de la vida cuando tenías 17 años se volvieron tan sabias cuando cumpliste 30? Mientras que no todos han tenido padres sabios, afortunadamente muchos de nosotros sí los tuvimos y podemos ya sea ir con ellos ahora o recordarles para conseguir un sabio consejo.

Cuanto más tiempo pasa, más reconozco mi necesidad de ayuda en esta área. Tal vez se deba a que fui derribado suficientes veces en la vida o que intenté hacer las cosas por mi propia cuenta. Tal vez sólo tiene que ver con la edad, pero de algo me he dado cuenta, y es que ahora estoy mucho más dispuesto a buscar consejos sabios, y mucho más de lo que nunca lo he estado en cualquier otro momento de mi vida.

"El camino del necio es derecho en su opinión; mas el que obedece al consejo es sabio." Proverbios 12:15 (RVR60)

Otra versión lo dice de esta manera: *"El tonto está seguro de que hace lo correcto; el sabio hace caso del consejo."* (TLA)

El problema es que hasta que no reconozcamos que esto es cierto, seguiremos siendo unos tontos. Veamos cómo se puede aplicar este sabio consejo en la práctica: Todos necesitamos a alguien, o quizá a un número de personas a las que podamos acudir de las cuales podamos recibir consejos sabios. Una forma de hacerlo es comenzar a construir amistades con personas que han tomado decisiones sabias en sus vidas. En la mayoría de los casos, estas van a ser personas mayores que tú y que tienen mucha experiencia en la vida. Hay mucho que decir sobre alguien que ya ha pasado por muchos de los problemas cotidianos de esta vida y que ya ha caminado por el sendero que tú estás caminando ahora.

"Quien con sabios anda a pensar aprende; quien con tontos se junta acaba en la ruina." Proverbios 13:20 (TLA)

La versión "Dios Habla Hoy" lo pone de esta manera: *"Júntate con sabios y obtendrás sabiduría; júntate con necios y te echarás a perder."* O como lo puso Pablo en 1 Corintios 15:33 (NVI): *"No se dejen engañar: «Las malas compañías corrompen las buenas costumbres»."*

Aprende a observar a la gente con la que más pasas tiempo. ¿Te están ayudando a ser mejor persona o te están arrastrando hacia abajo? ¿Te están ayudando a llegar a un nuevo nivel en tu vida o son más bien una influencia negativa? Si de verdad deseas más sabiduría en tu vida, júntate con personas sabias. Analiza muy bien con quién pasas tu tiempo, pues te va a afectar para siempre.

"Escucha el consejo, y recibe la corrección, para que seas sabio en tu vejez." Proverbios 19:20 (RVR60)

"El que oye consejo y acepta que lo corrijan acabará siendo sabio." (TLA)

Si tu excusa es que no conoces a nadie por ahora, entonces comienza a leer libros escritos por gente sabia que pueda ofrecerte buenos consejos. Empieza a escuchar CDs con buena instrucción. Yo estoy constantemente escuchando prédicas y conferencias por maestros sabios como Stephen Covey, John Maxwell,

Chuy Olivares, Jorge Lozano y otros, porque sé que necesito de alguien más sabio que yo para que me enseñe.

Otra cosa muy importante, empieza a leer la Biblia todos los días – de hecho, ¿por qué no leer una parte de los proverbios cada día para ver qué tipo de sabiduría puedes descubrir? En cuanto a la sabiduría, Dios lo deja completamente en tus manos. Es tu decisión: puedes vivir tu vida actuando como tonto o puedes crecer en sabiduría todos los días. Sea cual sea tu elección, depende completamente de ti. Dios proveerá los recursos si tú proporcionas la voluntad de actuar.

4. Aprender humildad

El 5 de marzo de 2005, la alemana de salto en largo Bianca Kappler creó un revuelo en el Mundial de Atletismo Bajo Techo. Abundaban los aplausos para Kappler ese día, no por su medalla de oro en salto, sino porque ella no aceptó el premio. El salto final de Kappler midió 22 pies y 10 pulgadas. La siguiente mejor contendiente fue Naide Gomes de Portugal. El salto de Gomes, de 21 pies, 11¾ de pulgada le dio un lejano segundo lugar.

Sin embargo, cuando a Kappler se le entregó el oro, ella rápidamente lo regresó diciendo: "Sé que no puedo saltar tan lejos." Cuando los oficiales le pidieron reconsiderar o tomar un salto final al día siguiente, Kappler declinó. Ella insistió en que sus mejores saltos eran casi un pie más corto que este esfuerzo "por ganar la medalla." Los jueces concluyeron que su salto debió haber sido medido incorrectamente. Kappler terminó con una medalla de bronce compartida, provocando que varios periódicos la llamaran "la atleta más honesta del mundo." (German Athlete Protests Winning Gold, The Associated Press, 3-5-05)

Admiro a Kappler, no sólo por su honestidad, sino por su entendimiento de lo que en ese momento eran sus habilidades. En nuestras vidas tenemos que ser capaces de admitir ante Dios que no estamos completos sin Él. Tenemos que ser capaces de poder alegar ignorancia ante Él en diferentes áreas de nuestra vida y hacer una evaluación honesta de dónde estamos y hacia dónde tenemos que ir espiritualmente.

"Cuando viene la soberbia, viene también la deshonra; mas con los humildes está la sabiduría." Proverbios 11:2 (RVR60)

Otra versión dice: *"El orgulloso termina en la vergüenza, y el humilde llega a ser sabio."* (TLA)

Sólo cuando reconozco que estoy quebrado es que puedo ser sanado. Cuando puedes decirle a Dios: "No soy todo lo que puedo ser y no soy todo lo que debería ser, pero no deseo nada más en este mundo que tenerte a Ti para me muestres el camino" es entonces cuando la sabiduría comenzará a fluir en tu vida y a través de ti, como así también en las vidas de aquellos a los que influyas.

¿Sabes qué? No desearía para nada aparecer en el listado de las personas mencionadas en los Premios Darwin. Y no quiero ser una de esas personas que vive su vida en la estupidez sabiendo que todos los días Dios está esperando derramar Su sabiduría en mi vida. Espero que sientas lo mismo el día de hoy. ¿Estás dispuesto a comprometerte a seguir el camino de la sabiduría, empezando ahora mismo? ¿Por qué no lo hacemos juntos?

2
Cómo alcanzar tus metas

Déjame comenzar este capítulo con una pregunta: Cuando comienzas un viaje, ¿Nada más cargas las maletas en el auto y comienzas a manejar? ¿Vas al aeropuerto y compras un boleto para el siguiente vuelo disponible, sin importar su destino? Estoy seguro que no, ya que de esa manera no hay forma de saber dónde vas a ir a parar, y seguramente podría ser en algún lugar donde realmente no deseas estar.

Tu destino es tu objetivo. Si tienes deseos de un excelente asado, tienes que visitar Buenos Aires. Pero si deseas disfrutar de la vista desde lo alto del edificio del Empire State, sería mejor que viajes a Nueva York.

El éxito en la vida, tanto espiritual como cualquier otro, es como un viaje con un destino específico, así como un lugar físico. Si deseas llegar a ese destino, necesitas saber dónde queda y necesitas tener un plan para saber cómo llegar a él. Eso es lo que queremos decir cuando hablamos de establecer y conseguir objetivos.

En este libro estamos descubriendo lo que el libro de Proverbios tiene para decir en cuanto a las diferentes áreas de nuestra vida y cómo, mediante esos consejos sabios, podemos cambiar para mejorar nuestras vidas. Un área en la que la mayoría de nosotros necesita ayuda es en aprender a alcanzar nuestros objetivos. Y si bien la palabra "objetivos" nunca se usa en los proverbios, el concepto definitivamente es ese, tal como veremos a continuación.

¿Por qué establecer metas?

He hablado con personas que se oponen al concepto de objetivos, especialmente personas religiosas, que parecen pensar que es algo poco espiritual. Sin embargo, el libro de los proverbios nos da algunas muy buenas razones para establecer metas.

"Hijo mío, no se aparten estas cosas de tus ojos;
Guarda la ley y el consejo,
Y serán vida a tu alma,
Y gracia a tu cuello.
Entonces andarás por tu camino confiadamente,
Y tu pie no tropezará." Proverbios 3.21-24 (RVR60)

Mira cómo lo dice la Nueva Versión Internacional: *"Hijo mío, conserva el buen juicio; no pierdas de vista la discreción. Te serán fuente de vida, te adornarán como un collar. Podrás recorrer tranquilo tu camino, y tus pies no tropezarán."*

Es evidente que Dios quiere que hagamos planes para el futuro y quiere que sigamos esos planes hasta alcanzar nuestros objetivos. Si eres una persona espiritual, creo que es aún más importante establecer y alcanzar objetivos que si no lo fueras. Permíteme darte algunas razones:

1. Es una cuestión de administración

Se nos da una sola vida, y debemos obtener lo mejor de ella mientras podamos. Si voy a ser un buen administrador del tiempo que Dios me ha dado en la tierra, voy a utilizar ese tiempo para lograr todo lo que pueda. Cuando me establezco una meta y luego tomo los pasos para llegar a ella, estoy haciendo un uso prudente de mi tiempo y logrando mucho más que de lo que podría haber logrado si no hubiera establecido objetivos.

En este caso no estoy hablando sólo en cuanto al área de trabajo, estoy hablando de usar el tiempo de la mejor manera posible en todo lo que hagamos. Esto incluye el tiempo que apartas para tu familia, para la relajación y también para otras necesidades. Cuando nos fijamos objetivos financieros, espirituales y recreativos, descubriremos que podemos disfrutar más y mejor de todas estas cosas de lo que nunca antes lo habíamos hecho.

"¡Anda, perezoso, fíjate en la hormiga!
¡Fíjate en lo que hace, y adquiere sabiduría!
No tiene quien la mande,
ni quien la vigile ni gobierne;
con todo, en el verano almacena provisiones
y durante la cosecha recoge alimentos." Proverbios 6.6-8 (NVI)

Si las hormigas saben ser buenas administradoras de

su tiempo, seguramente nosotros también podemos lograrlo.

2. Es una cuestión de medición

No sé tú, pero a mí me gusta ser capaz de medir mi progreso. Digamos que establezco una meta para leer todo el Nuevo Testamento de la Biblia en el próximo año. Cuento los capítulos y descubro que hay 260 de ellos. Por lo tanto divido 260 por las 52 semanas que tiene el año y descubro que sólo necesito leer cinco capítulos por semana para terminar el Nuevo Testamento en un año. Esto significa que puedo leer solo un capítulo al día, de lunes a viernes y así cumplir con mi objetivo. Por eso cada día, conforme voy leyendo, me aseguro de tachar el capítulo que acabo de leer, de esta manera puedo ver gráficamente que estoy avanzando hacia mi meta, y eso es muy motivador.

Este mismo principio es verdadero si estoy invirtiendo dinero, o quiero pasar tiempo de calidad con mi familia o estudiando para obtener un título universitario. Es porque tengo un plan establecido, un destino final, que soy capaz de medir mi progreso y descubrir que mi objetivo es definitivamente alcanzable.

3. Es una cuestión de prosperidad

Esto es cierto en todos los ámbitos, pero es especialmente cierto si estoy organizando metas financieras o relacionadas al trabajo.

"Los pensamientos del diligente ciertamente tienden a la abundancia; mas todo el que se apresura alocadamente, de cierto

va a la pobreza." Proverbios 21.5 (RVR60)

Busqué el mismo versículo en otras dos versiones y me gustaron mucho. Los incluyo continuación:

"Los planes bien pensados: ¡pura ganancia! Los planes apresurados: ¡puro fracaso!" (NVI)

"Cuando las cosas se piensan bien, el resultado es provechoso. Cuando se hacen a la carrera, el resultado es desastroso." (TLA)

Si deseas salir adelante en la vida vas a tener que establecer metas y después trabajar duro para alcanzarlas. Nota que el escritor de los Proverbios nos aconseja a "planear bien" y "trabajar duro." Estas dos cosas te conducirán a la prosperidad, no se puede tener uno sin el otro. Si deseas tener un mejor ingreso del que tienes ahora, hay que planificar y trabajar para ello: no hay nada de malo con eso, siempre y cuando mantengas todo en perspectiva.

Para eso es bueno hacernos la siguiente pregunta:

¿Qué tipo de objetivos debería establecer?

Como ya lo he mencionado, puedes establecer objetivos para el trabajo, para invertir, para tu familia, para la educación, para perder peso y prácticamente para cualquier área de tu vida en la cual necesites planificar. Y si bien es cierto que no creo que haya algún límite con respecto a qué tipo de objetivos debes definir, como cristiano creo que tus objetivos deben seguir por lo menos estas tres pautas.

1. Objetivos que honran a Dios

Cualquier objetivo que no te permita seguir a Dios con integridad y que no sea ético es un objetivo del que necesitas deshacerte.

"Encomienda a Jehová tus obras, y tus pensamientos serán afirmados." Proverbios 16.3 (RVR60)

O como lo dice la Traducción en Lenguaje Actual: *"Deja en manos de Dios todo lo que haces, y tus proyectos se harán realidad."*

Nuestros planes y metas deben hacerse en el contexto de nuestro compromiso con Dios. Así que no importa cuál sea mi meta, debe pasar por Dios antes de empezar a aplicarla en mi vida. Necesito preguntarme y a la vez responder afirmativamente a las siguientes preguntas:

a) ¿Puedo pedir honestamente la ayuda de Dios en mi lucha por alcanzar este objetivo?

¿Hay algo de lo que estoy planeando por lo que no pueda orar por la ayuda de Dios? ¿Existe alguna cosa en esa meta por la cual me daría vergüenza ante Dios?

b) ¿Seré una mejor persona a medida que me esfuerzo por alcanzar la meta?

En el proceso de alcanzar este objetivo y en la realización del mismo, ¿seré un mejor padre o una mejor madre, un mejor estudiante, un mejor empresario, un mejor hijo o hija? ¿Hay algo intrínsecamente bueno acerca de lo que estoy haciendo que me ayudará a desarrollar carácter, integridad y honestidad?

Dwight L. Moody (1837-1899), un famoso evangelista norteamericano, dijo una vez: "Nuestro mayor temor no debe ser a fracasar, sino el tener éxito en algo que realmente no tiene importancia."

2. Objetivos inteligentes

Seguimos analizando qué tipo de objetivos deberíamos establecer. A continuación comparto contigo una interesante reflexión.

"La razón por la que la mayoría de la gente nunca alcanza sus metas es porque nunca las define, o porque las considera como poco creíbles o alcanzables. Los ganadores te pueden decir hacia dónde van, qué piensan hacer en el camino y con quiénes van a compartir la aventura." -Denis Waitly

Creo que el autor de lo arriba descrito está exactamente en lo correcto – y si nuestras metas se ajustan a las 5 características que veremos a continuación, sin duda podremos alcanzarlas con la ayuda de Dios. Veamos entonces cómo deben ser las metas inteligentes que debemos establecer:

Específicas - una meta muy general y reducida sería la siguiente: "Voy a ser exitoso financieramente." En cambio, una meta específica y concreta sería, "Voy a aprender cómo vender efectivamente un producto educativo que he desarrollado, y lo voy a lograr haciendo un curso de Marketing en la Universidad Nacional el mes próximo."

Para establecer un objetivo específico debes responder estas seis preguntas:

- Quién: ¿Quién está involucrado?
- Qué: ¿Qué es lo que quiero lograr?
- Dónde: Identifica la ubicación.
- Cuándo: Establece un marco de tiempo.

- Qué: Identifica los requisitos y las limitaciones.
- Por qué: Razones específicas, propósitos o beneficios de lograr el objetivo.

Medibles - Ya hemos hablado sobre esto, pero tenemos que asegurarnos de que tenemos objetivos que nos permitan determinar si estamos haciendo progresos. Deberías hacer preguntas acerca de tu objetivo tales como, "¿Cuánto costará?" "¿Cuántos serán?", "¿Cómo sabré cuándo va a llevarse a cabo?" Y las respuestas tendrían que ser fáciles de conseguir. Algo bueno para recordar es: "Si no puedo medirlo, no puedo administrarlo."

Alcanzable - Cuando identificas las metas que son más importantes para ti, comienzas a descubrir las formas en las que puedes hacerlas realidad. Desarrollas las actitudes, habilidades, destrezas y cuando es necesario, la capacidad financiera para llegar a ellas. Comienzas a ver oportunidades que antes pasaste por alto las cuales te acercarán cada vez más al logro de tus objetivos. Puedes alcanzar cualquier objetivo que te propongas, siempre y cuando pienses sabiamente tus pasos y establezcas un marco de tiempo que te permita llevar a cabo estos pasos. Las metas que alguna vez pudieron haber parecido muy lejanas y fuera de tu alcance, por fin se acercan y las ves como alcanzables, no porque tus metas se reduzcan, sino porque tú creces y te expandes para compensarlas. Cuando haces una lista de tus metas y objetivos comienzas a desarrollar los rasgos y la personalidad que finalmente te permitirá alcanzarlos.

Realista – Para que sea realista, una meta debe representar un objetivo el cual estás totalmente dispuesto a hacer realidad y en el cual eres capaz de trabajar. Una meta puede ser tanto alta como realista; tú eres la única persona que puede decidir cuán alto puede estar tu objetivo. Sea cual sea la situación, asegúrate de que cada meta represente un progreso sustancial. Una meta alta es frecuentemente más fácil de alcanzar que una baja, porque un objetivo bajo exige poca fuerza motivacional. Estoy seguro de que algunos de los trabajos más difíciles que jamás hayas hecho te parecieron realmente fáciles, simplemente porque fueron una obra de amor. Tu objetivo es probablemente realista si verdaderamente crees que puedes lograrlo. Pero si dices que tu meta es leer la Biblia todos los días de tu vida, no estás siendo para nada realista. Y cuando estableces objetivos poco realistas, sólo te estás preparando para una decepción.

Determinada por el tiempo - Establece un calendario con una fecha tope para conseguir el objetivo: puede ser para la semana próxima, en tres meses, para el quinto año de tu carrera, etc. Cualquiera que sea tu objetivo, necesita tener un comienzo y un punto final. Poner un punto final o fecha límite a tu objetivo te da una meta clara y específica a la cual llegar. Si no estableces un marco de tiempo, el compromiso será demasiado impreciso. Si no haces esto, pensarás que el objetivo es más fácil de conseguir de lo que crees, porque sientes que puedes comenzar en cualquier momento. Sin un límite de tiempo, no hay ninguna urgencia para comenzar a actuar ahora.

3. Objetivos por los que estoy dispuesto a pagar un precio

Cuando tus metas encajan en los criterios que hemos mencionado hasta el momento, serás bendecido, Dios va ser bendecido y las personas a tu alrededor serán bendecidas. Pero tenemos que entender que hay un precio a pagar por estos objetivos. Si el objetivo es bueno, el precio pagado bien valdrá la pena. Si voy a subir la escalera corporativa, voy a tener que trabajar muy duro, mejorar en un sinnúmero de áreas y constantemente obtener nuevos conocimientos y habilidades. Si mi objetivo es la educación, voy a tener que estudiar mucho más, pagar mis estudios y estar dispuesto a dedicar una gran parte de mi vida al estudio.

Los que mencioné anteriormente son buenos objetivos que requieren un gran sacrificio, pero los beneficios generalmente valen la pena si mantenemos a Dios como el director de todo lo que decimos y hacemos. Porque así como establecemos metas para actividades en esta tierra, debemos recordar que también existen importantes objetivos espirituales que deberíamos considerar. El apóstol Pablo estableció algunos objetivos para su vida que eran de una naturaleza espiritual:

"Por eso, lo único que deseo es conocer a Cristo; es decir, sentir el poder de su resurrección, sufrir como él sufrió, y aun morir como él murió, ¡y espero que Dios me conceda resucitar de los muertos!" Filipenses 3.10-11 (TLA)

Pienso que la primera parte del objetivo de Pablo es algo con lo que muchas personas están de acuerdo y desean en sus vidas: "Conocer a Cristo y el poder de su resurrección." Pero la otra parte de su objetivo fue "sufrir como él (Jesús) sufrió, y aun morir como él murió." Pablo sentía que para identificarse plenamente con Cristo necesitaba no sólo compartir su poder y su gloria, sino que también debía compartir su sufrimiento. Y eso es exactamente lo que hizo a lo largo de su ministerio, compartió los sufrimientos de Cristo. Ese fue el precio que él estaba dispuesto a pagar.

Algunos de los objetivos de la vida nos llevan a compartir ese mismo tipo de sacrificio, y aunque para otras metas el costo no es tan grande, la realidad es que siempre hay que pagar un precio y hacer un sacrificio por algo que queremos conseguir. Si vamos a ser triunfadores en cualquier área de la vida, debemos estar dispuestos a decir y experimentar lo que sea necesario para alcanzar nuestros objetivos. Algunas veces la experiencia de pagar el precio nos moldea más que el logro mismo de la meta.

Espero que el día de hoy hayas decidido establecer algunos objetivos. Quizá te hayas decidido a aprender a ser un mejor padre y vas a tomar las medidas necesarias para alcanzar ese objetivo. O tal vez vas a tomar la decisión de volver a la escuela y terminar lo que habías iniciado. O tal vez has decidido que tu vida de oración no es lo que debe ser, y vas a empezar a pasar por lo menos 15 minutos en oración cada día a partir de hoy. Cualquiera que sea tu objetivo, asegúrate de permitir que Dios sea la principal motivación para cualquier cosa que decidas hacer, de esa manera no podrá irte mal.

3
Cómo tener un hogar feliz

Es impresionante cómo ha cambiado la familia en los últimos años. Hace poco estuve leyendo algunas estadísticas sobre este tema y cómo ha afectado la vida de miles de personas en los Estados Unidos de Norteamérica. Si bien estas cifras son de un país en específico, creo que no están lejos de cualquier otro país en el mundo, ya que la problemática es bastante similar.

Hoy en día no se necesita un título en sociología para darse cuenta de que Estados Unidos ya no pueden ser considerado un país con una sociedad modelo, aquella de la familia perfecta. Y creo que esto es así también en el resto del mundo. En los últimos cuarenta años la familia en nuestra sociedad ha recibido muchísimos golpes bajos.

He aquí algunos de los cambios dramáticos que han ocurrido desde 1960 en Estados Unidos:

- Ha habido un aumento de un 400% en la tasa de divorcio y de un 200% en la cantidad de niños que están siendo criados en un hogar conformado por un solo padre.

- Hoy en día un 70% de los niños en edad preescolar tienen madres que trabajan fuera del hogar, y un 80% de los niños en edad escolar regresan cada día a una casa vacía.

No es necesario mencionar que estos números eran significativamente más bajos en 1960.

Hace un par de años la revista Newsweek publicó un artículo acerca de la familia del siglo 21, el cual comenzaba de esta manera: "La familia estadounidense no existe. Más bien, estamos creando nuevas familias estadounidenses de diversos estilos y formas, en una cantidad sin precedentes".

Aquí hay una estadística que puede sorprenderte. Normalmente entendemos como "familia tradicional" a aquella que está compuesta por un padre, una madre y los hijos de ese matrimonio. No obstante, hoy en día solamente una de cada seis personas en Estados Unidos entra en esta categoría. El restante 83% comprende una variedad de diferentes situaciones. La familia estadounidense tradicional ya no es la típica familia estadounidense. Como dije, no se necesita un psicólogo social para darse cuenta que el deterioro de la familia tradicional ha cobrado su precio en el bienestar emocional de millones de niños.

En 1946 se realizó una encuesta entre maestros de secundaria preguntándoles cuáles eran las mayores faltas que cometían sus estudiantes. Estas fueron: hablar, mascar chicle, hacer ruidos, correr por los pasillos, saltarse la fila, usar ropa inadecuada y no botar el papel en el basurero. ¡Se puede ver que estos adolescentes estaban fuera de control!

Sesenta años después, ¿cuáles piensas que son las mayores faltas que realizan los estudiantes? En orden: violación, robo, asalto, saqueo, incendios provocados, asesinato y suicidio. Como se puede ver, tenemos una gran tarea por delante.

La pregunta es, ¿cómo podemos tener hogares felices, bíblicamente funcionales en un mundo como éste? Gracias a Dios, el Libro de los Proverbios nos ayuda también en esta área.

1. *Establece un matrimonio sólido*

Antes de decir nada, sé que muchos de los lectores a la hora de leer este libro seguramente están divorciados, algunos pueden estar separados y otros a lo mejor están pasando por enormes luchas en sus matrimonios. Lo que voy a decir no tiene la intención de herir o condenar, sino simplemente transmitir cuál sería la situación ideal de una vida hogareña feliz desde un punto de vista bíblico. Si alguno de ustedes no se encuentra en esa situación ideal, por lo menos intenten tomar los principios que les voy a compartir y hagan lo posible para adaptarlos a sus circunstancias personales. Permíteme darte algunas maneras de establecer un matrimonio sólido.

A) Manténganse cautivados

Quiero empezar hablándole a los hombres, y necesito advertirles que estoy a punto de citar un versículo de la Biblia que contiene la palabra "senos" en él. Se los estoy advirtiendo con anticipación para que no se vayan a quedar pensando sólo en eso y perderse el resto del pasaje.

"Sea bendita tu fuente,
y regocíjate con la mujer de tu juventud,
amante cierva y graciosa gacela;
que sus senos te satisfagan en todo tiempo,
su amor te embriague para siempre." Proverbios 5.18-19 (Biblia de las Américas)

Me doy cuenta de que el autor le habla a los esposos con respecto a sus esposas, pero independientemente de eso el principio es el mismo. Él dice, *"que su amor (el de tu esposa) te embriague para siempre."* La versión Dios Habla Hoy dice: *"¡Que siempre te envuelva con su amor!"* La Nueva Traducción Viviente dice *"Que siempre seas cautivado por su amor."* La NVI lo pone de esta manera: *"¡Que su amor te cautive todo el tiempo!"* Y mira la versión Palabra de Dios para Todos: *"que su amor te apasione para siempre."* Finalmente, la versión Reina Valera 1960 dice: *"Y en su amor recréate siempre."*

Esto es lo que yo pienso que quiere decir: Encuentra el lado alegre de tu relación con tu esposa y diviértete con ese gozo, cualquiera que sea. Encuentra un interés común, alguna pasión, y aférrate a ellos. Apóyense en cualquiera que sea la dimensión de su relación matrimonial que les brinde un regocijo mutuo.

¿Cuándo fue la última vez que viste a tu pareja y sentiste esa emoción que sentías cuando apenas estaban empezando a salir? Mientras todos cambiamos físicamente y de muchas otras maneras a medida que envejecemos, necesitamos recordar continuamente lo que nos parece atractivo de nuestra pareja. Y en este caso no me refiero a las apariencias, aunque eso puede ser parte de esto, sino que me refiero a aquellas cualidades interiores que te atrajeron a esa persona en primer lugar.

B) Manténganse unidos

La Biblia es muy clara en cuanto a la relación del matrimonio como permanente y el fundamento en el que se apoyan las familias. No es posible debilitar a las familias sólidas; no podemos mejorar el bloque básico con el que se construye una sociedad sin antes establecer y desarrollar matrimonios duraderos y satisfactorios. El único tipo de matrimonio que el escritor de los Proverbios concibe es el matrimonio para toda la vida.

El escritor de Proverbios podría escuchar pacientemente todas las palabrerías de hoy en día acerca de los divorcios sin culpables, matrimonios en serie, divorcios y nuevos matrimonios, cambio de cónyuge cada seis u ocho años, y cuando todo ese parloteo haya terminado, repetiría su mantra, el cual acabamos de leer: "regocíjate con la mujer de tu juventud."

Cuando se casen, manténganse juntos. Trabajen y edifiquen su matrimonio, adquieran compromisos, busquen ayuda. Conversen, oren, inténtenlo una y otra vez, pero manténganse juntos siempre que sea posible. Sé que muchas veces hay circunstancias extenuantes, pero de ser posible, enfréntenlo juntos y supérenlo. Aprovechen al máximo su matrimonio, ya que familias fuertes surgen de relaciones matrimoniales sólidas, relaciones que duran hasta que la muerte los separe.

C) Manténganse fieles

En la película del 2005, "Hitch", Will Smith interpreta a un tipo que se ha ganado la fama de experto en relaciones. En la vida real, Will está casado con la actriz Jada Pinkett Smith, pero su filosofía del matrimonio en la vida real de seguro hará que quieras borrarlo de tu lista de asesores de matrimonio. Los Smith defienden lo que puede ser llamado adulterio terapéutico, es decir, un engaño mutuo bajo ciertas reglas. Para comenzar, existe la regla de informarle al cónyuge. Como Will le explicó al New York Post, "En nuestros votos matrimoniales, no dijimos renunciamos a las demás personas. El voto que hicimos fue que "nunca te vas a enterar de algo que hice después de que haya pasado". Después está la regla del consentimiento conyugal. "Si llegara el momento dado", dice Will, "uno le dice a la otra persona: Mira, necesito tener sexo con alguien más. Pero no lo haré si tú no le das la aprobación, pero por favor hazlo." (Citizen Magazine, Mayo 2005, p. 14)

"Pero al que comete adulterio le faltan sesos; el que así actúa se destruye a sí mismo." Proverbios 6.32 (NVI)

"Pero el que se enreda con la mujer de otro comete la peor estupidez: busca golpes, encuentra vergüenzas, ¡y acaba perdiendo la vida!" (TLA)

¿Hace falta ponerlo más claro? ¡El escritor de los Proverbios simplemente dice que no lo hagas! Elimínalo de tu lista de opciones, simplemente está fuera de discusión. El dice que el adulterio es una actividad absolutamente tan destructiva, que los que se involucran en ella son unos necios. Se destruyen a sí mismos con la culpa y la deshonra. Peor aún, probablemente destruirán a su pareja y a su propia familia, pero eso no es todo, ya que seguramente arruinarán además a otra familia. Sales perdiendo de todos los lados en que lo mires. El escritor dice que ni siquiera se te ocurra pensar en ello. De hecho, es un asunto tan grande, que es la única situación donde Jesús dice que el divorcio se justifica.

¿Y saben qué? Para ser honestos, nunca he conocido a una persona que haya cedido a la tentación de cometer adulterio y después se haya sentido satisfecho con sus acciones. En vez de eso, tienen que vivir el resto de sus vidas con la culpa y la vergüenza de haber roto la promesa que le hicieron a sus parejas y a Dios. Es literalmente tirar toda una vida a la basura sólo por un momento de placer. Eventualmente las palabras lo expresan así: "Lo he arruinado todo a causa de lo que hice, lo arruiné." En casi todas estas situaciones se menciona lo siguiente: "Oh, si pudiera retroceder el tiempo. Si pudiera cambiar lo que hice. Si pudiera regresar y tomar una decisión diferente."

Cualquier cosa que amenace o ponga en peligro un matrimonio, cualquier cosa que potencialmente pueda debilitar un matrimonio debe ser vigilada cuidadosamente. No debería de haber ningún tipo de ingenuidad con respecto al poder de la tentación o el poder de la seducción, aunque se tenga un matrimonio sólido.

"Así que, el que piensa estar firme, mire que no caiga." 1 Corintios 10.12 (RVR60)

"Por eso, que nadie se sienta seguro de que no va a pecar, pues puede ser el primero en hacerlo." (TLA)

Recuerda esto, cuando te vayas a casar, piénsalo bien, porque te estás casando para toda la vida. Construyan este matrimonio hasta llegar a su máximo potencial. Ahora sí, una vez que tengan un matrimonio sólido, viene el desafío de criar a los hijos, si Dios los bendice con ellos.

2. Adopten prácticas efectivas para la crianza de los hijos

Llegará el día en que ya no tengan que recordarles a sus hijos que tienen que limpiar su habitación, que se coman todos los vegetales o que recojan sus cosas. Porque uno de estos días ese niño se mudará de la casa. Aunque eso no parezca probable en este momento, como pareja tienen una cantidad de tiempo limitada con sus hijos, así que tenemos que asegurarnos de hacer en este momento lo mejor que podamos como padres.

A) Mira a tus hijos como un regalo de Dios

Ese precioso niño que tienes en tu poder te ha sido dado como un regalo, y necesitas tratarlo como el regalo más valioso que hayas recibido. Ya sea que hayas dado a luz o hayas adoptado, te ha sido dado por la gracia de Dios y eres responsable de cuidarlo de la mejor manera posible.

B) Mira a tus hijos como adultos en proceso

Ese niño que Dios te ha dado algún día será un adulto. La manera en que ustedes como padres lo cuiden el día de hoy tendrá una consecuencia enorme con respecto a quiénes se convertirán el día de mañana. Existen dos asuntos a los que les debemos poner atención: amor y disciplina. Afortunadamente hay un versículo en el libro de Proverbios que une estos dos conceptos.

"El que detiene el castigo, a su hijo aborrece; mas el que lo ama, desde temprano lo corrige." Proverbios 13.24 (RVR60)

"Si amas a tu hijo, corrígelo; si no lo amas, no lo castigues." (TLA)

Así como Dios disciplina a aquellos que ama, nosotros disciplinamos a los niños que Él nos ha dado. De esta manera los ayudamos a convertirse en los adultos que Él quiere que sean. Hay muchas maneras de disciplinar, pero la disciplina física es necesaria más todavía cuando los niños son pequeños, sí, dije "necesaria".

"No rehúses corregir al muchacho;
Porque si lo castigas con vara, no morirá.
Lo castigarás con vara,
Y librarás su alma del Seol." Proverbios 23.13-14 (RVR60)

"A los niños hay que corregirlos. Unos buenos golpes no los matarán, pero sí los librarán de la muerte." (TLA)

Si ustedes como padres no disciplinan a sus hijos conforme a la Biblia, no los aman. Y espero que todos entendamos que hay una gran diferencia entre disciplina y abuso, sin embargo la disciplina debe utilizarse si quieren que sus hijos se desarrollen bien.

3. Mira a tus hijos como pequeños "tú"

Es fácil ver a nuestros hijos a la cara y ver las semejanzas físicas, pero debemos recordar que cuando ellos crezcan van a reflejar a mamá y papá en su interior. Si bien ellos pueden elegir libremente qué hacer conforme van creciendo y toman decisiones que están fuera de lo que se les ha enseñado, necesitamos hacer lo mejor que podamos para ser un modelo de lo que queremos que ellos lleguen a ser.

"Camina en su integridad el justo; sus hijos son dichosos después de él." Proverbios 20.7 (RVR60)

"Dios bendice a los hijos del hombre honrado, cuando ellos siguen su ejemplo." (TLA)

La bendición de la que el autor habla aquí es que tus hijos muy probablemente vayan a seguir el ejemplo de integridad que les hayas mostrado. También es cierto que si nosotros no vivimos nuestra vida de forma íntegra, ¿podemos esperar que nuestros hijos lo hagan mejor de lo que nosotros les hemos dado el ejemplo? En muchos aspectos nuestros niños son un reflejo de nosotros mismos.

"Instruye al niño en su camino, y aun cuando fuere viejo no se apartará de él." Proverbios 22.6 (RVR60)

"Educa a tu hijo desde niño, y aun cuando llegue a viejo seguirá tus enseñanzas." (TLA)

Aunque no es una promesa que nuestros hijos vayan a mantener la fe de sus padres, es una afirmación general que eso es lo más probable que suceda. Algunos comienzan por el camino correcto y se mantienen en él. Otros comienzan en el camino correcto, se alejan de él y luego regresan. Y otros comienzan en el camino correcto, se desvían de él y nunca regresan.

No podemos controlar las decisiones que nuestros hijos toman conforme van creciendo, pero podemos darles el mejor ejemplo posible aquí y ahora, de manera que la probabilidad de que se mantengan apegados a la fe va a ser mucho más alta que si no lo hiciéramos.

Llegamos al final de este capítulo. Como pareja, establezcan un matrimonio fuerte, trabajen en métodos efectivos de crianza y tendrán un hogar feliz. ¿Un hogar perfecto? No. ¿Un hogar que nunca tendrá problemas? Tampoco, pero sí tendrán un hogar que honrará a Dios y se beneficiarán con una gran oportunidad de ser exitosos en un mundo que parece estar haciendo todo lo posible para destruir la familia.

4
Cómo aplicar la disciplina personal

Me imagino que has tenido oportunidad de ver las Olimpiadas por la televisión en alguna oportunidad. Cada vez que veo a los deportistas en las Olimpiadas me llama mucho la atención el grado de preparación que despliega cada atleta en los diferentes eventos realizados. Un competidor tras de otro se presenta y demuestra un nivel de habilidades que está más allá de lo que cualquiera de nosotros sería capaz de hacer. Podemos apreciar los músculos que han desarrollado para practicar ese deporte en específico, la concentración de las personas que saben exactamente para qué están ahí, y el equilibrio de un atleta determinado. Lo que estamos observando es el resultado final de muchos años de entrenamiento, que viene de una persona que es tan disciplinada que lo ha dejado todo en el camino con el objetivo de llegar a ser el mejor atleta que pueda ser en ese deporte en particular.

Me podría aventurar a suponer que ninguno de nosotros tiene la disciplina física de un atleta olímpico, pero estamos llamados a tener una disciplina que en el panorama general de las cosas es mucho más importante.

"No pierdas el tiempo discutiendo sobre ideas mundanas y cuentos de viejas. En lugar de eso, entrénate para la sumisión a Dios. «El entrenamiento físico es bueno, pero entrenarse en la sumisión a Dios es mucho mejor, porque promete beneficios en esta vida y en la vida que viene»." 1 Timoteo 4:7-8 (NTV)

La Biblia en Lenguaje Actual lo pone de esta forma: *"No prestes atención a historias falsas, que la gente inventa. Más bien, esfuérzate por ser un buen discípulo de Jesucristo. Es verdad que el ejercicio físico ayuda a que todo el cuerpo esté sano, pero es mucho mejor esforzarse por confiar cada vez más en Dios, porque nos hace bien aquí en la tierra y también nos servirá cuando vivamos en el cielo."*

En este capítulo del libro me gustaría enfocarme en lo que Proverbios dice acerca de la disciplina personal. Y si bien los principios que estamos analizando pueden ser puestos en práctica para cualquier área de nuestras vidas, quiero enfocarme especialmente en las disciplinas espirituales tales como orar, leer la Biblia, practicar el ayuno y este tipo de cosas.

Desarrollaremos cómo puede uno convertirse en una persona centrada y altamente disciplinada, es decir, llegar a ser la persona que Dios quiere que seas. Así como un atleta necesita trabajar en su cuerpo de una manera especial para ser capaz de competir físicamente, necesitamos trabajar en nuestro espíritu de una manera tal que nos ponga más en sintonía con Dios y Su dirección para con nuestras vidas.

1. Eleva tus estándares más altos

¿Qué expectativas tienes para ti mismo cuando se trata de tu relación con Dios? ¿Qué esperas con respecto a tu vida de oración? ¿Qué esperas en lo que respecta a tu tiempo en la Palabra de Dios? Si tus expectativas son bajas, lo más probable es que vayas a alcanzar muy pocas cosas. La realidad es que la mayoría de las personas tienen un estándar bajo en estas áreas. Piensa en la Biblia, ésta es la revelación de Dios acerca de Sí mismo a la humanidad, pero tristemente, muchos cristianos son ignorantes cuando se trata de la Palabra de Dios.

Considera estos resultados extraídos de unas encuestas recientes realizadas por George Barna en Estados Unidos:

- Menos de la mitad de todas las personas adultas pueden decir el nombre de los cuatro Evangelios
- Muchos de los que profesan el cristianismo no pueden identificar a más de dos o tres de los discípulos
- 60% de los estadounidenses no pueden decir al menos cinco de los Diez Mandamientos
- 82% de los estadounidenses creen que "Dios ayuda al que se ayuda a sí mismo" es un versículo de la Biblia
- 12% de los adultos creen que Juana de Arco era la esposa de Noé
- Una encuesta entre graduados de escuela secundaria reveló que más del 50% pensó que

Sodoma y Gomorra eran esposos

- Una cantidad considerable de personas que respondieron una encuesta indicaron que el Sermón del Monte fue predicado por Billy Graham

"Cada vez más, Estados Unidos se está volviendo inculto bíblicamente." George Barna.

"Los norteamericanos reverencian la Biblia, pero la mayoría de ellos ni siquiera la lee. Y a causa de que no la leen, se han convertido en una nación de analfabetos espirituales." George Gallup y Jim Castelli

Evidentemente tenemos muchos problemas que superar, y eso comienza con nosotros como individuos que tenemos que elevar el estándar de nuestras expectativas personales. En algún punto, tú puedes medir cuánto éxito espiritual puedes alcanzar por la manera en que tus expectativas vayan avanzando.

La mayoría de nosotros establecemos nuestras expectativas demasiado bajas, y esas expectativas tan bajas nos llevan a una vida que no se vive en la plenitud de Dios. Así que te pregunto hoy, ¿realmente quieres acercarte a Dios? ¿Realmente deseas mantener una relación dinámica con Él? Si la respuesta es sí, entonces necesitas elevar tu estándar personal. ¿Cuánto de tu tiempo estás dispuesto a consagrar para Dios? Si son cinco minutos diarios, entonces no cuentes con crecer mucho, en cambio si es una hora, puedes esperar mucho más. No quiere decir que el tiempo que pases con Dios es el único factor, pero estoy usándolo como ejemplo, ya que nuestra dedicación personal hacia Dios influye mucho a la hora de conocerlo cada día más. Tenemos que dedicarnos a apreciar cada momento que pasamos con la Palabra de Dios, y cada minuto que pasamos con Él en oración. Solamente cuando levantemos ese estándar de expectativas, estaremos listos para obtener la disciplina necesaria.

"El que posee entendimiento ama su alma; el que guarda la inteligencia hallará el bien." Proverbios 19:8 (RVR60)

"Adquirir sabiduría es amarse a uno mismo; los que atesoran el entendimiento prosperarán." (NTV)

Y mira cómo lo dice la Traducción Lenguaje Actual: *"Si en verdad te aprecias, estudia. Bien harás en practicar lo aprendido."*

El entendimiento más importante que podemos alcanzar en esta vida es nuestro conocimiento de Dios, nuestra relación con Él, y nuestro lugar en este mundo. Y lo que yo te estoy pidiendo hoy es que te dediques a elevar tu nivel de expectativa en tu vida espiritual.

Si en este momento no estás pasando tiempo con Dios en oración, eleva la expectativa a diez o veinte minutos diarios, si dedicas veinte minutos, auméntalos a treinta. Si no estás leyendo la Biblia actualmente, ¿por qué no leer dos capítulos diarios? Si estás leyendo dos capítulos, ¿por qué no aumentar la cantidad a cuatro o cinco? Empieza a buscar maneras de aumentar el tiempo que pasas con Dios, así como la calidad de ese tiempo, de la misma manera en que lo harías para construir una relación con tu pareja.

Asimismo, ¿estás aprovechando las oportunidades de crecimiento espiritual que se ofrecen cerca de tu hogar? ¿Asistes a alguna actividad que involucre a otros cristianos con el fin de conocer más a Dios, tales como grupos pequeños, estudio bíblicos, o reuniones de oración caseras? Todas estas actividades están designadas para ayudarte a aumentar tu estándar de vida espiritual.

"El corazón prudente adquiere conocimiento; los oídos de los sabios procuran hallarlo." Proverbios 18:15

"El que es sabio e inteligente presta atención y aprende más." (TLA)

¿A qué ideas te has abierto para aumentar el nivel de tu tiempo con Dios? Si no has estado abierto a ninguna, no te preocupes por lo que no has hecho en el pasado; en vez de eso, comienza a planear cómo elevar ese nivel para el futuro.

2. Acepta una gratificación demorada

Lo que estoy a punto de decirte ahora probablemente vaya en contra de tu naturaleza, porque vivimos en una sociedad que espera (y recibe) gratificación en prácticamente cada área de la vida. Tenemos palomitas de maíz para el microondas, servicios bancarios por internet, libros electrónicos que puedes descargar al instante, archivos de música en MP3, correo electrónico, cirugía plástica, y la lista continúa.

Estamos acostumbrados a que casi cada deseo de nuestras vidas se vea satisfecho en cuestión de segundos. Incluso mi perro espera una gratificación instantánea: le damos una galleta para perros cuando regresa de haber salido afuera a hacer sus necesidades, y si no la recibe de inmediato, te seguirá hasta que se la des. ¡Un perro que teníamos nos ladraba hasta que se la dábamos!

Pero la pura verdad es que las mejores cosas en la vida son aquellas por las que tenemos que trabajar arduamente y esperar.

"La esperanza que se demora es tormento del corazón; Pero árbol de vida es el deseo cumplido." Proverbios 13:12 (RVR60)

"¡Qué tristeza da que los deseos no se cumplan! ¡Y cómo nos llena de alegría ver cumplidos nuestros deseos!" (TLA)

El hecho es que tú puedes elevar tu estándar personal, y comenzar a pasar más y mejor tiempo con Dios, y no advertir un gran cambio de inmediato. Algunas personas se decepcionan porque piensan que las cosas no están sucediendo lo suficientemente rápido, así que simplemente renuncian y regresan a sus viejos hábitos. Lo triste es que a lo mejor estaban a pocos días o semanas de un progreso espiritual que nunca habían experimentado, porque nunca entendieron la bendición de una gratificación retrasada.

Tenemos que ser los suficientemente disciplinados para estar dispuestos a esperar la llegada de las bendiciones, y llevar a cabo día a día lo que sea necesario para que ello suceda. No te conviertes en un atleta olímpico de la noche a la mañana, sino que se necesita una disciplina diaria de acondicionamiento, dietas, entrenamiento personal, dedicación, muchísimo esfuerzo, etc. No llegas a ser un gigante espiritual de un día para otro, es por medio de la rutina diaria de la oración, la lectura de la Biblia, y el pensar acerca de las cosas de Dios lo que eventualmente te van a conducir a una posición de fortaleza espiritual y vitalidad. Algunas veces es en verdad muy difícil y no te sientes con ganas de hacerlo.

"Es verdad que ninguna disciplina al presente parece ser causa de gozo, sino de tristeza; pero después da fruto apacible de justicia a los que en ella han sido ejercitados." Hebreos 12.11 (RVR60)

Fíjate en el verbo del final de ese pasaje: "ejercitados." Necesitamos ser ejercitados en la disciplina, y esto me habla de un proceso constante, que nunca acaba, sino que se renueva todos los días. Otra versión dice: *"después (la disciplina) produce una cosecha de justicia y paz para quienes han sido entrenados por ella."* (NVI)

Si estás dispuesto a esperar por la bendición entrenándote en la disciplina, estarás en el camino correcto para llegar a ser alguien personalmente disciplinado.

3. Enfócate en tu corazón, tu mente y tus acciones

Existen muchas áreas en nuestras vidas en las que necesitamos ser disciplinados, pero estas son las más importantes, una vez que las tengamos listas, el resto será mucho más fácil. El corazón es el asiento de tus emociones, la mente es el asiento de tu intelecto, y tus acciones son un reflejo de lo que tú crees en tu mente y en tu corazón. Si quieres que tu vida tome un giro positivo, tienes que enfocar tus esfuerzos de disciplina personal en estas tres áreas.

El escritor de los Proverbios hablaba, como muchas veces, acerca de ser receptivo de la sabiduría de Dios, y nos da su promesa:

"Entonces entenderás justicia, juicio
Y equidad, y todo buen camino.

*Cuando la sabiduría entrare en tu corazón,
Y la ciencia fuere grata a tu alma,
La discreción te guardará;
Te preservará la inteligencia.*" Proverbios 2:9-11 (RVR60)

Esto cubre las tres áreas en las que es necesario enfocarse. Cuando llenamos nuestras mentes con las cosas de Dios, en nuestros corazones se produce una transformación sobrenatural, y es a partir de entonces cuando nuestras acciones siguen la guía de nuestro corazón.

"No se amolden al mundo actual, sino sean transformados mediante la renovación de su mente. Así podrán comprobar cuál es la voluntad de Dios, buena, agradable y perfecta." Romanos 12.2 (NVI)

"No vivan ya según los criterios del tiempo presente; al contrario, cambien su manera de pensar para que así cambie su manera de vivir y lleguen a conocer la voluntad de Dios, es decir, lo que es bueno, lo que le es grato, lo que es perfecto." (DHH)

Hay una versión de la Biblia muy particular, una traducción idiomática de la biblia que usa el griego original y que lo expresa de esta forma:

"No se ajusten demasiado a su cultura sin pensarlo dos veces. En vez de ello, enfoquen toda su atención en Dios. Serán cambiados de adentro hacia afuera. Reconozcan de buena gana lo que Él desea de ustedes y respondan a ello rápidamente. A diferencia de la cultura que los rodea, la cual siempre los arrastra hacia abajo a su nivel de inmadurez, Dios saca lo mejor de ustedes y desarrolla una madurez plena." Romanos 12. 2 (The Message)

La manera de comenzar este proceso de transformación es tomar la Palabra de Dios y leerla, y orar con ella, y conocerlo a Él mejor. Y no quiero simplemente leer la Palabra, quiero experimentarla, tomando lo que he aprendido y poniéndolo en práctica. No hay nada más triste que una persona que ha adquirido mucho conocimiento acerca de Dios, pero no sabe cómo vivir el estilo de vida que la Palabra de Dios le ha revelado.

Como lo expresa Santiago en su epístola:

"No se contenten sólo con escuchar la palabra, pues así se engañan ustedes mismos. Llévenla a la práctica. El que escucha la palabra pero no la pone en práctica es como el que se mira el rostro en un espejo y, después de mirarse, se va y se olvida en seguida de cómo es. Pero quien se fija atentamente en la ley perfecta que da libertad, y persevera en ella, no olvidando lo que ha oído sino haciéndolo, recibirá bendición al practicarla." Santiago 1.22-25 (NVI)

Para poner en práctica la Palabra de Dios necesito ser lo suficientemente disciplinado en mi persona conforme la leo, y estar constantemente evaluando mi corazón contra lo que Dios ha revelado.

Por ejemplo, digamos que estoy leyendo los Proverbios y me encuentro con este pasaje:

"No niegues un favor a quien te lo pida,
si en tu mano está el otorgarlo.
Nunca digas a tu prójimo:
«Vuelve más tarde; te ayudaré mañana»,
si hoy tienes con qué ayudarlo." Proverbios 3:27-28 (NVI)

Luego de leer un pasaje como este puedo evaluar mi vida conforme a la Palabra de Dios preguntándome lo siguiente: "¿me estoy alejando de aquellos a los que puedo ayudar? ¿He sido tacaño y poco generoso últimamente?" Si la respuesta es "sí, no estoy viviendo a la altura de los estándares de Dios", entonces necesito cambiar eso de inmediato y comenzar a ser una persona generosa.

¿Alcanzas a ver cómo la Biblia afecta las tres aéreas descritas anteriormente? He aprendido algo intelectualmente: "Dios quiere que ayude a todos aquellos que pueda." Me ha afectado emocionalmente: "Dios quiere que encuentre a aquellos que estén en necesidad", y ha afectado mis acciones: "Mañana le voy a dar $20 a un conocido que sé que está pasando por momentos difíciles económicamente."

Este simple patrón trabaja para nuestras relaciones, nuestra moral y valores éticos, y en cada área posible de nuestras vidas. Dirígete hacia la Palabra de Dios, aprende lo que Él dice, deja que eso transforme tu corazón, y luego aplica la verdad de lo que has aprendido, eso es todo lo que hay que hacer.

4. Decídete a hacerlo ya mismo

Una vez escuché una historia que decía que en una ocasión Satanás convocó a los emisarios del infierno y les dijo que quería enviar a uno de ellos a la tierra para ayudarles tanto a hombres y mujeres a arruinar sus almas. Les preguntó a todos los presentes quién de ellos quería ir. Una criatura se adelantó y dijo: "yo iré." Satanás dijo "si te envío, ¿qué les dirás a los hijos de los hombres?" Él respondió, "le diré a los hijos de los hombres que no existe el paraíso." Satanás dijo, "ellos no te creerán, porque hay un poco del paraíso en cada corazón humano. Al final todos saben que el bien y el mal deben salir victoriosos. Tú no puedes ir." Luego otro dio un paso adelante, más sucio y oscuro que los anteriores. Satanás dijo, "si te mando a ti, ¿qué les dirás a los hijos de los hombres?". Él respondió, "les diré que no existe el infierno." Satanás lo miró y dijo, "Oh, no, ellos no te creerán, en cada corazón humano existe algo que se llama conciencia, una voz interior que testifica acerca de la verdad que no sólo el bueno vencerá, sino que el mal será derrotado. No puedes ir." Una última criatura se acercó, proveniente del lugar más oscuro de todos. Satanás le dijo, "si te envío a ti, ¿qué les dirás a hombres y mujeres para ayudarlos a destruir sus almas?" Él respondió, "les diré que no hay prisa." Satanás dijo "¡ve!"

Esta historia no es real, pero su punto se fundamenta en la realidad. No tengo duda de que algunos están leyendo esto en este momento y pensando, "esto de la disciplina personal puede ser lo que estoy necesitando en este momento. Voy a comenzarlo tan pronto como… (Rellena el espacio).

Y si eso es lo que estás pensando, nunca vas a pasar de ahí. Necesitas tomar una decisión ahora mismo y le tienes que dar seguimiento. No puedo tomar esa decisión por ti, así como no la puedes tomar por mí. Cada uno es responsable de decidir que hoy es el día en que vamos a tomar el camino correcto y seguir los principios de Dios para la disciplina personal. Este es el primer paso que darás en el sendero de la madurez espiritual, pero tienes que tomar una decisión consciente en este momento.

Cada vez que veo un partido de tenis y veo que los jugadores están a veces jugando por más de 3 o 4 horas para ganar el partido, me impresiona las ganas y la pasión que ponen para ser los mejores. Me parece digno de destacar su disciplina física, ya que se han entrenado de todas las maneras posibles, cada día, durante la mayor parte de sus vidas, para llegar a competir a este nivel. ¿Y nosotros qué? ¿Estamos dispuestos a pasar por un entrenamiento espiritual? ¿Lo que Dios quiere de nosotros es más importante que el entrenamiento físico? ¿Más importante que los partidos de tenis? Por supuesto que lo es, ahora queda en cada uno de nosotros el empezar a dar los pasos necesarios, ya mismo.

5
Cómo elegir a los amigos correctos

Por consejo del Dr. Alexander Graham Bell, los padres de Helen Keller, quien era sorda y ciega, mandaron a buscar a una profesora del Instituto Perkins para los Ciegos en Boston, Massachusetts. Anne Sullivan, una huérfana de diecinueve años, fue la escogida para llevar a cabo la tarea de enseñarle a Helen, en ese entonces de tan solo seis años. Fue el inicio de una cercana y duradera amistad entre ellas. Por medio de un alfabeto manual, Anne "deletreaba" en las manos de Helen palabras como muñeca o cachorro. Dos años después Helen ya estaba leyendo y escribiendo en Braille fluidamente. A la edad de diez años Helen había aprendido diferentes sonidos al poner sus dedos en la laringe de su profesora para "escuchar" las vibraciones. Más adelante Helen asistió a la Universidad Radcliffe, donde Anne le deletreaba las conferencias en su mano. Luego de graduarse con honores, Helen decidió dedicar su vida a ayudar a los ciegos y a los sordos. Como parte de este esfuerzo, escribió varios libros y artículos, y viajó alrededor del mundo dando conferencias. Debido a que sus discursos no eran fáciles de entender para algunos, Anne a menudo los traducía por ella. Su compañerismo de casi cincuenta años terminó cuando Anne murió en 1936. Helen escribió estas entrañables palabras acerca de su amiga de toda la vida: "Mi maestra es tan cercana a mí que no puedo imaginarme estar separada de ella. Siento que su ser es inseparable del mío propio, y que los pasos de mi vida están en los suyos. Todo lo mejor de mí le pertenece a ella, no hay un talento o una inspiración o un regocijo que no haya sido despertado en mí por su toque amoroso". (Helen Keller, "La historia de mi vida", Doubleday, 1954)

¡Qué maravilloso testimonio de amistad! Si todos tuviéramos amigos así, qué diferente sería el mundo en que vivimos. Pero la verdad es que la mayoría de nosotros no tiene ese tipo de amistades, aunque las necesitamos desesperadamente para prosperar y sobrevivir en un mundo como el nuestro. Afortunadamente, el libro de los Proverbios nos da una guía de cómo encontrar el tipo correcto de amigos, que estarán con nosotros en las buenas y en las malas. Pero primero déjame compartir contigo al interesante.

Datos de la amistad

Existen dos verdades básicas acerca de las amistades que necesitamos ver antes de seguir adelante.

1. Necesitas amigos

Yo sé que esto puede sonar obvio, pero algunos de nosotros necesitamos que nos recuerden que la amistad es necesaria si queremos tener una vida saludable y productiva.

"La verdad, «más valen dos que uno», porque sacan más provecho de lo que hacen. Además, si uno de ellos se tropieza, el otro puede levantarlo. Pero ¡pobre del que cae y no tiene quien lo ayude a levantarse!" Eclesiastés 4:9-10 (TLA)

La versión "Dios Habla Hoy" expresa de esta manera la última parte: *"¡Pero ay del que cae estando solo, pues no habrá quien lo levante!"*

El enfoque del autor va más allá del trabajo o de obtener ayuda después de una caída; creo que el punto principal hace hincapié en que necesitamos compañía. Pienso que esto es cierto para ti así como para mí también.

2. La elección de tus amigos es fundamental

Lo que voy a decir aplica para todos, sin importar la edad que tengas, pero es especialmente importante para aquellos que son más jóvenes: Los amigos que hagas el día de hoy, en cierto grado, determinarán qué tipo de futuro tendrás. Los amigos que tienes actualmente, ¿te están ayudando a crecer, o te están empujado hacia abajo?

"Júntate con sabios y obtendrás sabiduría; júntate con necios y te echarás a perder." Proverbios 13.20 (DHH)

"Quien con sabios anda a pensar aprende; quien con tontos se junta acaba en la ruina." (TLA)

Hay otras versiones que reemplazan la palabra

"juntarse" con la frase "caminar con." En el viaje de la vida, nosotros escogemos aquellas personas que van a caminar a nuestro lado. Y es de gran importancia a quién eliges para que vaya contigo en ese viaje. Todos tenemos la opción en nuestras vidas de elegir con quién vamos a pasar nuestro tiempo. Podemos escoger personas que son una mala influencia y aferrarnos a ellas, permitir que nos influyan e ir hacia abajo con ellos, o podemos hacernos amigos de personas que no se amoldan a los pensamientos mediocres de este mundo y salir adelante con ellos.

No estoy tratando de decir que Dios no ama a estas personas, sino que estoy tratando de llamar la atención sobre el punto de que te vas a ver influenciado por aquellos con quienes pases la mayor parte de tu tiempo, así que más te vale asegurarte de que sean el tipo correcto de personas.

El tipo de "amigos" a evitar

El libro de los Proverbios nos dice algunas cosas específicas que hace cierta gente y que Dios detesta en forma absoluta. Esto adquiere sentido si de pronto nos damos cuenta que conocemos personas así descritas, pues son el tipo de gente que no deberíamos elegir para que sean nuestros amigos.

"Hay seis cosas, y hasta siete,
que el Señor aborrece por completo:
los ojos altaneros,
la lengua mentirosa,
las manos que asesinan a gente inocente,
la mente que elabora planes perversos,

los pies que corren ansiosos al mal,
el testigo falso y mentiroso,
y el que provoca peleas entre hermanos." Proverbios 6:16-19 (DHH)

Detallemos esto y veamos qué tipo de amigos deberíamos evitar:

1. Personas que tienen complejo de superioridad, "ojos altivos"

Este pasaje dice: "ojos altaneros" o arrogantes, es decir, gente orgullosa. Esta es la persona que se ve a sí misma como superior y desprecia a aquellos a su alrededor. "Yo soy inteligente, tú eres tonto." "Yo estudié en la universidad, tú no terminaste la secundaria." "Yo soy un ganador, tú eres un perdedor." "Yo soy un profesional, tú eres un empleado de fábrica."

"Al orgullo le sigue la destrucción; a la altanería, el fracaso." Proverbios 16:18 (NVI)

Otra versión dice así: *"El orgulloso y arrogante al fin de cuentas fracasa."* (TLA)

2. Personas que son faltos a la verdad, "lengua mentirosa"

Esta clase de personas son aquellas que son mentirosas empedernidas, o personas que esquivan las cosas diciendo "mentiritas blancas", o que exageran frecuentemente. Algunas veces se acostumbran tanto a mentir que incluso se empiezan a creer las mentiras que ellos dicen. Y cuando menos te lo esperes, vas a ser parte de una de sus mentiras o vas a adquirir ese hábito.

3. Personas que tienen patrones de conducta destructivos, "manos que matan al inocente"

Probablemente estés pensando, "No conozco a ningún asesino, así que definitivamente no tengo problemas en esta área", pero esta clase de persona abarca mucho más que el asesinato en sí. Cualquiera que se aproveche del débil y de los impotentes entra en esta categoría. Estas son las personas que empujan a los demás; aquellos que se aprovechan de los más débiles; y personas que molestan a los más vulnerables. Si te relacionas con este tipo de personas, es solamente cuestión de tiempo para que te conviertas en su próxima víctima.

4. Personas que tienden a pensar y a hacer el mal, "la mente que elabora planes perversos" y "los pies que corren ansiosos al mal"

Esta es la persona que planea y justifica el comportamiento malvado. Es la persona que racionaliza el adulterio, o que obtiene ganancias a través de negocios oscuros con otros. Esta persona ha sido influenciada para hacer cosas que se oponen a la voluntad de Dios, y que harán lo posible para que te les unas en su forma de actuar.

5. Personas que calumnian y murmuran, "un falso testigo que dice mentiras"

Esto suena similar a la número dos, pero hay una gran diferencia. Esta persona dice mentiras también, pero son mentiras destinadas a difamar a alguien más. Son personas que son rápidas a la hora de transmitir información dañina acerca de su prójimo, o personas que no saben mantener reservada la información. ¿Sabes a qué me refiero? Esta es la persona que dice, "¿Escuchaste acerca de...? y luego dice un chisme malicioso acerca de alguien más. Si aceptas a esta persona como tu amigo, es sólo cuestión de tiempo antes de que seas víctima de sus calumnias.

6. Personas que crean problemas, "una persona que siembra la discordia"

¿Conoces a alguien que se dedica a crear problemas? Este es el tipo de persona que enfrenta a dos amigos entre sí, y luego se sienta a disfrutar la batalla que se lleva a cabo.

"El hombre perverso levanta contienda, y el chismoso aparta a los mejores amigos." Proverbios 16:28 (RVR60)

"El que es malvado y chismoso provoca peleas y causa divisiones." (TLA)

También son aquellas personas que tienden a ofenderse fácilmente, pero que no tienen ningún problema cuando se trata de ofender a aquellos a su alrededor. Son rencorosos, y se niegan a perdonar a aquellos que les han hecho daño, pero pretenden que pases por alto todo lo que ellos han hecho mal. Evita este tipo de plaga, o al final lo lamentarás.

Ya vimos rápidamente qué tipo de amigos evitar, así que ahora podemos tomar esta misma lista y considerar los opuestos para descubrir:

El tipo de amigos que conviene aceptar

De nuevo, antes de ir más allá, no me refiero a que hay que ser un engreído, un exclusivista o algo por el estilo, estoy hablando acerca de construir relaciones con personas que te vayan a elevar en vez de hundirte. Así como tienes que evitar los amigos que te pueden influir en forma negativa, los amigos que Dios te dice que aceptes te van a influenciar positivamente.

1. Personas que son humildes

En lugar de estar con alguien que te mira desde arriba, necesitas encontrar a alguien que tenga un sentido de humildad acerca de sí mismo, una persona que reconozca tu valor personal.

"La soberbia del hombre le abate; Pero al humilde de espíritu sustenta la honra." Proverbios 29:23 (RVR60)

"El orgulloso será humillado, y el humilde será alabado." (TLA)

Necesitas alguien que te vea como un amigo no por los títulos que tengas, el dinero que ganes o porque eres encantador. Amigos humildes te valoran por lo que eres, y eso es lo más importante al buscar una buena amistad.

2. Personas que siempre dicen la verdad

Si hay algo que no tolero es a una persona mentirosa. Si son deshonestos con lo que sale de sus bocas, probablemente son deshonestos con la manera en que viven su vida.

"Como loco que lanza piedras al aire, es quien engaña al amigo

y dice que estaba bromeando." Proverbios 26:18-19 (TLA)

Necesitas encontrar un amigo que no invente cosas, que no exagere, y que no manipule la verdad para ajustarla a sus necesidades. Si tengo que dudar acerca de lo que alguien me está diciendo basándome en experiencias anteriores, nunca voy a saber si lo que me está diciendo es cierto o no, y esta no es la manera de construir una relación.

3. Personas que son compasivas

Esta es la persona que siente una debilidad en su corazón hacia aquellos que son más débiles, pobres o tienen algún tipo de necesidad. Esta es la persona que imita la compasión de Jesucristo en la manera en que trata a los demás. Este es el tipo de amigo que no me va a abandonar cuando yo esté mal, más bien me va a tender una mano amiga.

4. Personas que tienen una alta integridad

Estas son personas que han construido sus vidas en una base sólida, y al tener su amistad, tu propia vida y fe se van a ver fortalecidas.

"Quien se conduce con integridad, anda seguro; quien anda en malos pasos será descubierto." Proverbios 10.9 (NVI)

Quiero asegurarme de que aquellos que elija para que sean mis amigos sean personas que no solamente lo prediquen con su boca, sino que también lo vivan diariamente en sus experiencias cotidianas.

5. Personas que son dignas de confianza

Necesito un amigo en el que pueda confiar, alguien que va a estar junto a mí sin importar lo que suceda, alguien que yo sepa que será sincero siempre.

"Algunas amistades se rompen fácilmente, pero hay amigos más fieles que un hermano." Proverbios 18.24 (DHH)

"Con ciertos amigos, no hacen falta enemigos, pero hay otros amigos que valen más que un hermano." (TLA)

Necesitamos saber que nuestros amigos son del tipo de personas que nunca nos van a dar la espalda, y que nunca se van a volver en contra nuestra.

6. Personas que son rápidas para evitar un conflicto

Así como evitas amigos que no estén dispuestos a lidiar con los problemas que puedan tener entre ustedes, también querrás tener amigos que procuren la tranquilidad a toda costa.

"Honroso es al hombre evitar la contienda, pero no hay necio que no inicie un pleito." Proverbios 20.3 (NVI)

"Cualquier tonto inicia un pleito, pero quien lo evita merece aplausos." (TLA)

En vez de tratar de sembrar la discordia, necesitas amigos que traigan armonía a tu vida y a la relación que tengan juntos.

Espero que al simplemente repasar estas listas, seas capaz de evaluar mejor a tus amigos actuales. Necesitas decidir si los amigos que tienes son el tipo de los que Dios querría que tuvieras, o si más bien te arrastran hacia abajo. Una vez que hayas tomado esa decisión serás capaz de saber si tienes que mantener esos amigos, o si tienes que deshacerte de ellos y encontrar amigos nuevos que sean mejores para ti. En realidad no es tan difícil de darse cuenta, ellos te están ayudando o te están estorbando. Permíteme dejarte con esta frase que tienes que recordar sin importar en qué situación te encuentres hoy en día, ya sea que tengas buenos amigos, malos amigos o no tengas ninguno, recuerda: ¡DIOS ES EL MEJOR AMIGO DE TODOS! Puedes confiar que Él será el amigo perfecto en todo momento y en cualquier situación.

6
Cómo superar el orgullo

No hace mucho, un ejecutivo de una compañía que salió publicada en la revista Fortune 500 llegó a una estación de gasolina. Fue adentro a pagar, y cuando salió se dio cuenta de que su esposa estaba enfrascada en una conversación con un trabajador de la gasolinera; resultó que se conocían. De hecho, en la secundaria, antes de que ella conociera a su actual esposo, ella había salido con este hombre. El CEO ingresó a su carro último modelo y cuando se retiraron iban en silencio. Él se sentía muy bien consigo mismo cuando finalmente habló: "Apuesto a que sé en qué estás pensando. Apuesto a que estás pensando en que estás contenta de haberte casado conmigo, un ejecutivo que aparece en la revista Fortune 500, y no con él, un trabajador de una gasolinera." "No, estaba pensando en que si me hubiera casado con él, sería una ejecutiva que sale en la Fortune 500 y tú estarías trabajando en una gasolinera." A veces nos creemos ser más de lo que realmente somos, ¿verdad? (John Ortberg en Un Amor más allá de la Razón (Vida/Zondervan, 1998), pp. 142-43

Mientras continuamos poniéndole atención a los Proverbios para aplicarlos a nuestra vida, vamos a descubrir que este tema del orgullo aparece bastante a menudo en la Biblia. Esta actitud es algo que Dios detesta, lo que significa que es algo que tenemos que asegurarnos de que no que sea una fuerza dominante en nuestras vidas. Existen tres aspectos del orgullo que quiero que consideremos juntos:

1. ¿Qué es el orgullo?

Es importante que entendamos que existen dos tipos diferentes de orgullo. Al tipo de orgullo que Dios acepta le llamaremos:

El orgullo bueno

Este es el tipo de orgullo que tienes de tus hijos, o cuando has conseguido algo por lo que has trabajado mucho. De hecho, consideremos estas escrituras:

"El orgullo de los padres son los hijos; la alegría de los abuelos son los nietos." Proverbios 17.6 (TLA)

Este es el tipo de orgullo que tienes de tu familia, estás satisfecho con ellos y por sus logros, o simplemente orgulloso de que están emparentados uno con el otro. Esto es algo maravilloso y no hay nada de malo en ello.

Pablo escribió a la Iglesia en Corintio y los elogió de esta manera:

"Les tengo mucha confianza y me siento muy orgulloso de ustedes. Estoy muy animado; en medio de todas nuestras aflicciones se desborda mi alegría." 2 Corintios 7:4 (NVI)

Pablo se había sentido animado por un cambio en la Iglesia de Corintio y se sentía orgulloso de ellos por su voluntad de cambiar sus caminos. No veo ningún problema en estar orgulloso de haber realizado un buen trabajo, o de haber obtenido un título, o que tu hijo obtuvo el primer lugar en alguna competencia. Estas cosas son grandiosas, y son cosas de las que te deberías de sentir orgulloso, este es un Buen Orgullo.

El orgullo malo

El orgullo malo es aquel que está fuera de lugar, prácticamente sin excepción; es el orgullo hacia uno mismo que no está justificado, u orgullo que se usa para ser condescendiente hacia otras personas. Dios lo pone en la categoría de rasgos del carácter que Él odia.

"Los que obedecen a Dios
aborrecen la maldad.
Yo aborrezco a la gente
que es orgullosa y presumida,
que nunca dice la verdad
ni vive como es debido." Proverbios 8.13 (TLA)

Obviamente, si el Señor lo odia, es algo que nosotros vamos a querer evitar. Pero antes de aprender a evitarlo, veamos lo siguiente:

2. Lo que el orgullo malo produce (Las tres D)

Me preocupa que si conversamos acerca de un tema como el "orgullo" las personas no lo tomen en serio. Seguro algunos dirán: "Bueno, no se trata de adulterio, ni robar o algo por el estilo." Pero como veremos más adelante, las cosas a las que nos lleva el orgullo son en realidad muy serias.

Nos lleva a la Desgracia

"Cuando viene la soberbia, viene también la deshonra; Mas con los humildes está la sabiduría." Proverbios 11.2 (RVR60)

Si eres una persona orgullosa, es solamente cuestión de tiempo antes de que te bajen de ese pedestal. Puede ocurrir mañana, o dentro de diez años, pero eventualmente sucederá.

"Todo el que a sí mismo se enaltece será humillado, y el que se humilla será enaltecido." Lucas 14.11 (NVI)

Ahora, si este es un problema que representa un obstáculo con el que siempre estamos enfrentándonos, lo que debemos hacer es tomar control de él ahora mismo en lugar de esperar a ser avergonzados al frente de nuestros amigos.

Nos lleva a Disputas

Me llamó mucho la atención cuando leí esta nota en un periódico: Los violinistas de la orquesta alemana están reclamando por un aumento en la paga, alegando que durante un concierto ellos tocan mucho más notas que sus colegas. Los dieciséis violinistas apuntan a sus colegas que durante el concierto están "más libres", tales como los que tocan la flauta, el oboe, o el trombón. El director de la Orquestra Beethoven en Bonn, Laurentius Bonitz, argumenta que los violinistas no deberían ganar más: "A lo mejor es una pregunta legal interesante, pero musicalmente, está muy claro para todos." (Violinists Say Pay Far from Noteworthy, Chicago Tribune, 24/03/04)

La iglesia es como la orquesta, no hay espacio para protagonistas o para personas que piensan que deberían estar a un mayor nivel que otras.

"El orgullo sólo genera contiendas, pero la sabiduría está con quienes oyen consejos." Proverbios 13.10 (NVI)

Las discusiones que tienen lugar vienen del hecho que aquellos que piensan que son superiores en su orgullo no pueden llevarse bien con aquellos que piensan que están "por debajo de ellos". Cuando te encuentres con altercados en un grupo, en un vecindario, en una iglesia o en un grupo de alguna iglesia, su origen siempre va a estar en el orgullo.

Nos lleva a la Disciplina

Hay muchas cosas que Dios deja pasar de largo, pero el orgullo no es una de ellas.

"Dios no soporta a los orgullosos, y una cosa es segura: no los dejará sin castigo." Proverbios 16.5 (NVI)

Ahora, ¿por qué Dios desprecia el orgullo? Pienso que hay varias posibilidades, pero considéralas desde este ángulo. Dios es perfecto en todos sus caminos. Una persona que se ponga a sí misma en una posición en la que no está, de alguna manera está usurpando el lugar de Dios en su vida.

Déjame ponerlo de otra manera, una persona orgullosa no va a ver la necesidad de Dios en su vida de la misma manera en que una persona humilde lo hace, porque piensa que ya lo tiene todo. Y Dios dice que éste es el tipo de persona que Él va a disciplinar. No sé exactamente cómo va a ser esta disciplina, pero sí sé que Dios va a cumplir su promesa.

Sé que nadie quiere caer en desgracia, caer en conflicto o ser disciplinado por Dios, así que pasemos a la siguiente sección para ver la solución.

3. ¿Qué puedes hacer al respecto?

Hay tres cosas específicas que podemos hacer para deshacernos del orgullo:

Examinar nuestra realidad

Chan Gailey, un entrenador de fútbol de los Chaquetas Amarillas de la Universidad Georgia Tech, cuenta cómo aprendió una lección de humildad. Gailey era en ese entonces entrenador principal de los Troy State de Alabama, y estaban jugando por el campeonato nacional. La semana anterior al gran juego, se dirigía al campo de práctica cuando una secretaria lo llamó para que atendiera una llamada telefónica. Un poco irritado, Gailey le dijo que tomara el mensaje porque iba de camino al entrenamiento. Ella respondió, "Pero se trata de la revista Sports Illustrated". "Voy para allá", dijo él. Mientras se dirigía hacia el edificio, comenzó a pensar acerca del próximo artículo. Sería una gran publicidad para una escuela pequeña como Troy State el aparecer en Sports Illustrated. Al acercarse, se dio cuenta de que un artículo de tres páginas no sería suficiente para contar toda la historia. A punto de llegar a su oficina, empezó a pensar que a lo mejor aparecería en la portada. "¿Debería posar o más bien elegir una toma con acción?", se preguntó. Por su cabeza daban vueltas todas las posibilidades. Cuando atendió el teléfono, al otro lado de la línea la persona preguntó "¿Hablo con Chan Gailey?", "Sí, con él habla", respondió con confianza. "Le hablo de parte de Sports illustraded, y lo llamamos para informarle que su suscripción está a punto de vencer. ¿Está interesado en renovarla?" El entrenador Gailey termina la historia diciendo, "O eres humilde o serás humillado". Chan Gailey, en una cena en Dalton, Georgia (20/04/04)

"El orgulloso será humillado, y el humilde será alabado." Proverbios 29.23 (NVI)

No hay nada malo en saber para qué eres bueno y para qué no lo eres, de hecho, de eso se trata la humildad verdadera. Es cuando tenemos una visión inflada de nosotros mismos cuando estamos en problemas. Pero si puedes hacer un inventario honesto de ti mismo estarás bien.

De hecho, sé que no me van a pedir que aparezca en la portada de la revista Time. También sé que no voy a lograr ingresar al club Mensa, para personas con coeficiente intelectual elevado. Sé que otras personas tienen grandes ideas, opiniones y demás. Pero también pienso que Dios me ha bendecido en algunas áreas. Y siempre y cuando tenga una visión realística de quién soy y cuál es mi lugar en este mundo, desplegaré el tipo de humildad que Dios espera de mí.

Ser humilde ante Dios

Necesitamos recordarnos a nosotros mismos que existe un solo Señor y Creador de todo, y que nosotros no somos Dios. Cuando miro al Señor y veo que Él es el Creador del Universo, que El es el Único que lo sabe todo y lo ve todo, y que Él es perfecto en todos sus caminos, es motivo suficiente para que me arrodille y le adore. Cuando leo que Jesús se entregó en la cruz para literalmente morir en lugar mío, me hace darme cuenta que cualquier sacrificio que yo pueda hacer no es nada en comparación. Cuando llegue a conocer a Dios realmente y lo acepte por quién realmente es, no tendré más opción que inclinarme ante Él en temor y reverencia.

"Riquezas, honra y vida son la remuneración de la humildad y del temor de Jehová." Proverbios 22.4 (RVR60)

O como lo dice esta traducción: *"Humíllate y obedece a Dios, y recibirás riquezas, honra y vida."* (TLA)

Espero que puedas conocer a Dios íntimamente como para que te des cuenta de que es necesario que te humilles ante Él. Si aún no le conoces, le pido a Dios ahora mismo que puedas llegar a conocerle. Lee la Palabra de Dios, ora sin cesar, búscalo en cada momento. Dios se revelará a tu vida, y cuando lo haga, verás claramente a lo que me estoy refiriendo, y entonces tu vida cambiará.

Dios desea *"que todos lo busquen y, aunque sea a tientas, lo encuentren. En verdad, él no está lejos de ninguno de nosotros."*

Hechos 17.27 (NVI)

Examina, arrepiéntete y renuévate

Como en la mayoría de las áreas en las cuales buscamos crecimiento espiritual, este es un proceso continuo. Desearía que existiera un botón que simplemente al presionarlo pueda eliminar todo el orgullo malo de mi vida para siempre, pero las cosas no funcionan así. Como tú, veo la fea cabeza del orgullo creciendo en mi vida en los momentos menos oportunos. Y he llegado a darme cuenta de que tengo que trabajar constantemente en esto, pero con la ayuda de Dios, sé que lo puedo lograr. Diariamente tengo que analizar mi vida, arrepentirme cada vez que he permitido al orgullo crecer dentro de mí y le pido a Dios que me lleve a través de este proceso de renovación en el cual me acerco a Él.

"No seas sabio en tu propia opinión;
Teme a Jehová, y apártate del mal;
Porque será medicina a tu cuerpo,
Y refrigerio para tus huesos." Proverbios 3.7-8 (RVR60)

La Nueva Versión Internacional lo dice de esta manera: "No seas sabio en tu propia opinión; más bien, teme al SEÑOR y huye del mal. Esto infundirá salud a tu cuerpo y fortalecerá tu ser."

En este pasaje se mencionan tres pasos que puedes tomar todos los días:

1) Examínate *("Teme a Jehová")*

2) Arrepiéntete *("Apártate del mal")*

3) Saldrás renovado *("Esto infundirá salud a tu cuerpo y*

fortalecerá tu ser."), ¿Puedes hacerlo? Estoy seguro de que sí.

Para cerrar este capítulo, quiero pedirte que te hagas un favor a ti mismo en esta área, puede ser hoy o en los próximos días. Pregúntale a tu pareja o un amigo cercano en quien confíes, si exhibes en tu vida este tipo de mal orgullo del cual hemos estado hablando. Pídeles que sean completamente honestos contigo, y cuando lo hagan, no te enojes con ellos. En esta área en particular, muchas veces no vemos el orgullo en nosotros mismos tan bien como lo hacen los que nos rodean. Si descubres que este es un problema tal y como lo hemos discutido hoy, lleva a cabo una revisión de la realidad, humíllate ante Dios, examínate, arrepiéntete y serás renovado.

7
Cómo protegerte de las habladurías

En la revista "Mujer Cristiana de Hoy", Ramona Cramer Tucker escribe: "Mi amiga Michelle admite haberse visto envuelta en una situación desagradable. Mientras se encontraba almorzando en un restaurante, Michelle y una compañera de trabajo, Sharon, fueron un momento al baño para retocarse el maquillaje antes de regresar al trabajo. Su conversación se enfocó en una persona que les hacía la vida imposible. Michelle casi que pronunció un discurso de dos minutos acerca de Beth, una compañera de trabajo de ambas. Mientras Michelle se preparaba para divulgar más detalles, una de las puertas de los cubículos se abrió. De ahí salió Beth, con la cara roja y molesta. En una fracción de segundos, lo que parecía una charla entre amigas para liberar la tensión se convirtió en una situación embarazosa. Michelle y Beth se miraron fijamente, con un pánico avergonzado. Michelle sabía que no se podía retractar de lo que había dicho. En el instante en que sus ojos se encontraron, Beth salió huyendo por la puerta.

Esa tarde Beth no regresó a trabajar, ni al día siguiente. Michelle escuchó rumores de que Beth había renunciado. Mientras otros empleados aplaudían lo que parecían ser buenas noticias, Michelle se sentía terrible. Deseaba haber hablado con Beth en vez de haber hablado de Beth. A pesar de que esta situación sucedió hace cinco años, Michelle nunca la olvidó. Trató de localizar a Beth en diferentes ocasiones por teléfono, luego le escribió una carta disculpándose, pero Beth nunca respondió. Michelle dijo que ella también aprendió de la peor manera la lección acerca de hablar de más. Lo peor de todo es que Michelle es cristiana, y Beth, hasta donde ella sabía, no."

"Loose Lips", Christian Reader (March/April 2002), pp.38-39

¿Con cuál lado de la historia te identificas? ¿Con Michelle o con Beth? No quiero hacerle perder el tiempo a nadie, así que si no te identificas con ninguna de las dos, si no tienes una lucha interna con el chisme, o si nunca has salido herido por algún chisme de alguna persona, tienes la libertad de seguir adelante. Si has murmurado acerca de alguien o has sentido el aguijón de la murmuración en contra de ti, entonces sigue leyendo, porque Dios tiene mucho para decirnos. En este capítulo veremos el problema desde la perspectiva de Michelle, el problema de ser una persona chismosa.

1. Entiende qué es el chisme

Déjame darte la definición del diccionario: 1) Rumor o habladuría acerca de alguien, sensacionalista, o de naturaleza íntima; 2) Aquella persona que habitualmente esparce hechos o rumores íntimos o privados.

El chisme casi siempre tiene que ver con el hecho de hablar acerca de alguien más a sus espaldas, de una manera que no lo harías si esa persona estuviera presente. Aunque muchas veces lo que se diga es cierto, siempre irá acompañado de falsedades y exageraciones, y lo dicho es con la intención de herir a la otra persona. Puede hacerse poniendo el énfasis en una palabra en particular, o arquear una ceja mientras cuentas la historia.

Es muy fácil, cuando estamos con otras personas, simplemente decir, "Juan y Susana están teniendo problemas matrimoniales de nuevo. ¿Por qué será? Me parece que Susana… y Juan también…etc., etc." Pero si me topo con Juan y Susana en la calle les diría, "Hola chicos, ¿cómo les está yendo? ¡Qué gusto verlos de nuevo!" Como he mencionado anteriormente, algunas veces las personas dicen mentiras que hieren a los demás.

Lo que leíste anteriormente es solamente un ejemplo de lo que es el chisme, y que la intención de éste es herir a la otra persona, independientemente si la persona que esparce el chisme piensa de esa manera o no.

2. Reconoce el poder destructivo del chisme

Saliendo de la iglesia un domingo, la señora Rodríguez le preguntó a su marido: "¿Piensas que la hija de los

Pérez se está tiñendo el cabello?" "Ni siquiera la miré", reconoció el señor Rodríguez. "¿Y el vestido que llevaba la señora García?", continuó la señora Rodríguez, "En serio, no me vayas a decir que esa es la manera apropiada de vestir para una madre de dos." "Me temo que tampoco me di cuenta de eso", dijo el señor Rodríguez. "Oh, por el amor de Dios", protestó la mujer. "Seguro que te hace muy bien ir a la iglesia."

¿Has estado cerca de alguien así? Es gracioso cuando es solamente un chiste lo que decimos, pero cuando es en serio las consecuencias no son tan divertidas. Pienso que la mayoría de la gente no se lo toma lo suficientemente en serio. Este es uno de aquellos pecados en los que generalmente miramos hacia atrás y decimos que no era para tanto. Pero la verdad es que es algo muy serio y ha destruido a muchas personas.

Echémosle un vistazo a la Biblia y consideremos unas cuantas cosas:

El chisme destruye las amistades

"El perverso provoca contiendas, y el chismoso divide a los buenos amigos." Proverbios 16:28 (NVI)

Empieza a murmurar acerca de tus amigos y ya no los tendrás como amigos por mucho tiempo. De hecho, otro pasaje de los Proverbios nos advierte acerca de ni siquiera relacionarnos con el chisme:

"El que anda en chismes descubre el secreto; No te entremetas, pues, con el suelto de lengua." Proverbios 20:19 (RVR60)

"El que habla mucho no sabe guardar secretos. No te juntes con gente chismosa." (TLA)

Los que murmuran destruyen sus propias vidas, las vidas de sus amigos y las vidas de las personas de las cuales hablan. ¿Cómo puede alguien esperar ir por ahí hablando mal de las personas y mantener esa amistad? Eso es algo que va más allá de mí, pero allá afuera te los encuentras por montones.

El chisme destruye el carácter

Cuando te cuento un chisme, voy a plantar una idea negativa en tu mente acerca de alguien más, o voy a confirmar alguna sospecha que ya tengas. Aunque discutas conmigo y me digas que estoy equivocado acerca de alguien, mis palabras permanecerán en tu cabeza y crearán alguna duda. Y si involucro a otras tres o cuatro personas en este chisme, antes de que te des cuenta, los que tenemos esa opinión nos hemos vuelto una mayoría. Nuestro chisme puede convertirse en el sentimiento aceptado del carácter de alguien.

"Los chismes son deliciosos manjares; penetran hasta lo más íntimo del ser." Proverbios 18:8 (NVI)

El chisme es algo serio, nuestras palabras se internan en el corazón de alguien más. Repentinamente, un pensamiento temporal sobre alguien se convierte en la realidad de alguien más.

El chisme destruye la confianza

Una vez que yo descubra que has estado murmurando en contra mía o que tú te des cuenta de que yo lo he hecho, ¿qué pasa con nuestra relación? Ya no podemos confiar el uno en el otro.

"El que anda en chismes descubre el secreto; Mas el de espíritu fiel lo guarda todo." Proverbios 11:13 (RVR60)

A lo mejor has escuchado el dicho: "Quien quiera que murmure contigo, murmurará acerca de ti." Siempre que me encuentro cerca de alguien que murmura mucho, pienso: "¡Me pregunto qué dirá acerca de mi!"

"Así también la lengua es un miembro pequeño, pero se jacta de grandes cosas. He aquí, ¡Cuán grande bosque enciende un pequeño fuego!" Santiago 3.5 (RVR60)

La lengua puede sanar o puede lastimar. Con ella podemos animar o angustiar. Las palabras que digamos pueden ser una carga o pueden elevar. Pueden dar consuelo o producir pena. Las palabras que decimos son muy poderosas. Necesitamos recordar que una vez que las palabras salen de nuestras bocas no podemos recuperarlas ni evitar que hagan daño, ya es demasiado tarde.

3. Se parte de una alternativa justa

A lo mejor soy idealista, pero en realidad creo que podemos simplemente elegir no murmurar. De hecho, ya que la Biblia dice que el chisme es malo, tengo que creer que Dios nos puede dar el poder de no participar en él. Permíteme mostrarte algunos consejos prácticos para eliminar el chisme de tu vida.

Arrepiéntete

Si te has visto atraído por este comportamiento, y me

imagino que a la mayoría de nosotros le ha pasado en algún momento, necesitamos arrepentirnos. Toma en cuenta lo que le sucedió a Billy Graham y su reacción ante lo sucedido:

En marzo del 2002 fueron publicados en Estados Unidos más videos de la época de Richard Nixon. En una de esas cintas se escuchaba a Billy Graham decirle al presidente Nixon que los judíos le tenían puesto un "collar de fuerza" a los medios de comunicación, lo cual tenía que terminarse porque estaba controlando al país. Cuando las cintas se hicieron públicas, Graham se disculpó por sus comentarios. No los negó, pero dijo que no recordaba haberlos dicho. Aunque muchas personas estaban asombradas, ninguna consideró que Billy Graham fuera un fanático.

La mayoría de las personas perdonaron a Graham por su historial sin manchas, y porque no se desligó de lo que había dicho sino que pidió perdón. Cuando hemos sido atrapados en un chisme, necesitamos arrepentirnos, lo que significa que no solamente lo lamentamos, sino que vamos a dejar de seguir haciéndolo.

"Sin leña se apaga el fuego, Y donde no hay chismoso, cesa la contienda." Proverbios 26.20 (RVR60)

La primera línea de defensa para cambiar esta conducta es cambiarte a ti mismo.

Piensa primero

Antes de decir algo acerca de alguien más, detente un momento y piensa en lo que vas a leer a continuación. Queremos asegurarnos que las palabras que vayamos a decir acerca de los demás son palabras que Dios aprobaría, y que esa persona de la que hablamos también aprobaría. No siempre es malo hablar acerca de los demás, y algunas veces es bueno y necesario, pero necesitamos asegurarnos de que lo que vayamos a decir sean respuestas positivas a estas preguntas:

- ¿Es cierto?
- ¿Le va a ayudar a esa persona?
- ¿Sirve como fuente de inspiración?
- ¿Es necesario?
- ¿Es agradable?

Si lo que decimos se ajusta dentro de estos criterios, entonces definitivamente no es chisme. Sé que es difícil pensar en todo esto cada vez que vayas a decir algo, pero si lo comienzas a implementar ahora, después lo harás naturalmente, casi sin pensarlo.

Haz a otros responsables

Una vez que has conseguido sacar el chisme de tu vida, necesitas ayudar a los demás. Sinceramente pienso que el chisme es uno de los problemas más perjudiciales que se desarrollan en la iglesia y en la sociedad toda, y necesitamos llevar a cabo nuestra parte para detenerlo.

"Si tu hermano peca contra ti, ve a solas con él y hazle ver su falta. Si te hace caso, has ganado a tu hermano." Mateo 18.15 (NVI)

Este texto se puede aplicar a alguien que esté murmurando acerca de ti, así como para cualquier otra situación. Dirígete hacia esa persona y pregúntale, "¿Has estado diciendo esto acerca de mí?", si lo admite, dile que no quieres que lo haga más, y que ojalá se arrepienta de ello y no lo vuelva a hacer más. Si escuchas a alguien murmurando acerca de otra persona, intenta con alguna de estas preguntas: "¿Puedo decir que tú dijiste eso?", o, "¿has hablado con esa persona acerca de esto?" Otra manera de lidiar con el chisme es, en vez de unirte a lo que esa persona esté diciendo, piensa en alguna característica admirable de la persona de quien estén hablando y di, "¿sabes?, lo que más me gusta de esa persona es…"

Me gustaría terminar con unas palabras muy sabias de Santiago que pienso son un buen recordatorio para nosotros.

"Al caballo podemos dominarlo, y hacer que nos obedezca, si le ponemos un freno en la boca. Algo parecido pasa con los barcos. Por grande que sea un barco, y por fuertes que sean los vientos que lo empujan, el navegante puede controlarlo con un timón muy pequeño. Y lo mismo pasa con nuestra lengua. Es una de las partes más pequeñas de nuestro cuerpo, pero es capaz de hacer grandes cosas. ¡Es una llama pequeña que puede incendiar todo un bosque!

Las palabras que decimos con nuestra lengua son como el fuego. Nuestra lengua tiene mucho poder para hacer el mal. Puede echar a perder toda nuestra vida, y hacer que nos quememos en el infierno." Santiago 3:3-6 (TLA)

8
Cómo experimentar la prosperidad

Algunos hombres en el vestuario de un gimnasio privado estaban conversando cuando un teléfono celular que estaba en una banca empezó a timbrar. Un hombre lo atendió sin dudar, y se produjo la siguiente conversación:

-¿Hola?

-¿Querido?

-¿Querida?

-¿Estás en el sauna?

-Sí.

-Estoy en frente, en la tienda con un visón magnífico, ¡¡¡hermoso!!! ¿Puedo comprarlo?

-¿Y cuánto cuesta?

-1.500 dólares nada más...

-Bueno, está bien, cómpralo si tanto te gusta...

-Ah, y acabo de pasar por un concesionario Mercedes y vi el último modelo. Es fantástico. Hablé con el vendedor y me dijo que nos hace precio de amigo... y como tenemos que cambiar el BMW que compramos el año pasado...

-¿Y cuánto es el precio de amigo?

- Mi amor, son sólo 60.000 euros...

- Bueno, como tenemos dinero para gastar... Vale, pero por ese precio lo quiero con todos los extras.

- Y escúchame... antes de cortar... otra cosita...

- ¿Qué?

- Hoy a la mañana pasé en frente de la Inmobiliaria y vi que la casa que vimos el año pasado... está en venta. ¿Te acuerdas? Aquella con piscina, jardín y quincho, completamente aislada en frente de aquella playa magnífica.

- ¿Y cuánto están pidiendo?

- Solamente 450.000 euros... increíble, ¿no?

-Bueno, como no tenemos todavía muchas casas, puedes comprarla. Pero paga máximo, 420.000 dólares, ¿Vale?

- OK, mi amor... Gracias... ¡¡¡Adiós!!! ¡¡¡¡Te quiero!!!!

- Adiós... yo también...

Después de cortar el hombre se dirige al grupo de amigos y grita:

- ¿De quién es este móvil?

¿No sería realmente grandioso ser capaz de tomar decisiones tan fácilmente? O a lo mejor no. Pienso que eso dependería mucho de nuestro carácter personal. Cuando hablamos acerca de prosperidad, específicamente prosperidad financiera, pienso que existe mucha confusión con respecto a lo que la Biblia dice. Por una parte tienes a algunos predicadores en la televisión diciéndote que Dios quiere que todos sean ricos, y si no lo eres, es porque no tienes fe en Dios. Por otra parte, tienes a alguien que te dice que Dios quiere que todos seamos pobres, y que nos deberíamos sentir culpables por estar bien económicamente.

Lo que descubrimos en el libro de los Proverbios es algo que está en medio de estos dos extremos. Dios nos da principios específicos para ser prósperos, pero El también nos dice que tenemos que buscar la prosperidad de una manera piadosa. En otras palabras, Dios nos alienta a buscar la riqueza, siempre y cuando no nos olvidemos de Él durante el proceso. Entremos en materia y te darás cuenta a lo que me refiero.

1. Busca la sabiduría en todas las áreas

Ya sabemos que la sabiduría es el tema de todo el libro de los Proverbios, y encontramos los beneficios de la misma en muchas áreas, incluyendo la prosperidad. Veamos un par de versículos:

"El buen administrador prospera; ¡Dios bendice a quienes en él confían!" Proverbios 16.20 (TLA)

La Nueva Traducción Viviente lo pone de esta forma:

"Los que están atentos a la instrucción prosperarán; los que confían en el Señor se llenarán de gozo."

Veamos otro pasaje:

"Adquirir sabiduría es amarse a uno mismo; los que atesoran el entendimiento prosperarán." Proverbios 19:8 (NTV)

Otra traducción dice lo siguiente: *"El que aprende y pone en práctica lo aprendido, se estima a sí mismo y prospera."* (TLA)

Hay varias acciones importantes enlistadas en estos versículos que tenemos que desarrollar si verdaderamente queremos experimentar la prosperidad, y todas ellas tienen que ver con nuestra mente. Necesitamos adquirir sabiduría, atesorar el entendimiento y escuchar las instrucciones. Actualmente estas cosas pueden suceder a través de una variedad de experiencias, pero principalmente tienen que ver con ganar educación espiritual e intelectual.

Digamos que estoy planeando convertirme en alguien próspero y quisiera ser el dueño de una compañía de publicidad. Lo más probable es que vaya a necesitar instrucciones de otros que ya han sido exitosos en esta área. Puede que tenga que ir a la universidad y obtener un título para ejercer la profesión. A lo mejor necesite trabajar por un tiempo para alguien más que sea exitoso, aprender todo lo que pueda, y más adelante iniciar mi propio negocio.

No hay atajos para la prosperidad. Necesito aprender cómo ser sabio en las transacciones comerciales, cómo tratar a los clientes, a mis proveedores y mil cosas más en las que me involucraré para ser exitoso. En otras palabras, si voy a ser próspero, necesito atesorar el consejo de los Proverbios, tomarlos muy en serio y hacer lo que sea necesario para educarme en esa área en particular.

Mientras existen personas que son prósperas y que nunca pasaron un día en un aula universitaria, te garantizo que ellos recibieron la educación en algún lugar, siendo aprendices, a través de los libros o por medio de la experiencia en el trabajo. En algún lugar del camino llegaron a tener la suficiente diligencia para hacer lo que sea necesario para tener éxito, y si quieres tener éxito de esta manera, tendrás que hacer lo mismo.

2. Se generoso en todo lo que tengas

Un hombre llamado Joel Schelsinger pidió prestado un libro de la biblioteca local en Orchard Park, Nueva York. Pero para el momento en que Joel fue a la biblioteca para devolver el libro, ya habían pasado veinticuatro años. Él había pedido "La alegría de acampar" en 1981, pero con el correr del tiempo se olvidó completamente de ello. En el año 2005, ahora viviendo en otro estado, Joel encontró el libro y se dispuso a hacer lo correcto. Habiendo viajado más de 600 kilómetros hacia su antigua ciudad natal, Joel devolvió el libro y pagó una multa de $2,190 dólares. La multa máxima por entrega atrasada de libros es de $15, pero Joel no estaba satisfecho con eso. Sabiendo que la biblioteca de Orchard Park estaba pasando por una crisis en su presupuesto, Joel calculó que su multa real serían 10 centavos diarios por cada uno de esos años en los que él tuvo el libro: eso arrojaba un total de $2,190 dólares. Refiriéndose a su acto tan generoso, Joel dijo, "Espero que puedan hacer unas cuantas cosas buenas con este dinero, a lo mejor comprar algunos libros." (Historia real extraída de "Uh, I Found This in My Attic", - The Christian Science Monitor, 20-05-05)

¿Qué te parece? Aquí vemos a un tipo que podría haber pagado la multa mínima, o peor aún, nunca haber devuelto ese libro, y nadie lo hubiera sabido, pero Joel tenía un espíritu generoso.

Consideremos lo que dice Proverbios en cuanto a ser generoso:

"El que es generoso prospera; el que reanima será reanimado." Proverbios 11.25 (NVI)

Otra versión dice lo mismo en otras palabras: *"El que es generoso, progresa; el que siembra, también cosecha."* (TLA)

Uno de los secretos de la prosperidad es la generosidad personal. Es increíble cómo los libros seculares que se refieren a los negocios y el éxito siguen este principio bíblico, y no estoy seguro si ellos saben que está en la Biblia. Inclusive he escuchado personas completamente mundanas y exitosas que usan el término "diezmo" al referirse a entregar una parte grande de sus ganancias a organizaciones sin fines de lucro. Este es un principio espiritual para el éxito que la mayoría de nosotros omitimos. Aunque uno no da con el propósito de recibir, al mismo tiempo sé que Dios dice que Él me dará algo a cambio por mi generosidad hacia aquellos que están en necesidad.

No esperes recibir de Dios si no das para Dios. Cuando la bolsa de las ofrendas se pasa cada domingo, no dejes que se aleje sin haber depositado alguna moneda en ella. Luego regresa a casa y pídele a Dios que bendiga tus finanzas. No hablo solamente de ser generoso con la iglesia, sino de ser una persona que vive una vida generosa, y da de su tiempo y de sus finanzas a aquellos que lo necesitan.

"El que ayuda al pobre no conocerá la pobreza; el que le niega su ayuda será maldecido." Proverbios 28:27 (NVI)

Una de las razones legítimas por las que una persona piadosa debería buscar la prosperidad es para poder compartir la riqueza con otros que no la tienen. Si no fuera por los cristianos adinerados que han sido tan generosos al dar su dinero para las misiones, orfanatos, escuelas y otras empresas, no podríamos haber logrado lo que hemos conseguido hasta ahora.

3. La motivación correcta

Quiero que seamos muy cautos cuando hablemos de prosperidad. Digo esto debido a que muchas personas no la pueden manejar, porque luego son seducidos por el dinero y renuncian a vivir la vida de justicia a la que Dios los llama.

"Porque raíz de todos los males es el amor al dinero, el cual codiciando algunos, se extraviaron de la fe, y fueron traspasados de muchos dolores." 1 Timoteo 6:10 (RVR60)

Otra versión dice lo siguiente: *"Porque todos los males comienzan cuando sólo se piensa en el dinero. Por el deseo de amontonarlo, muchos se olvidaron de obedecer a Dios y acabaron por tener muchos problemas y sufrimientos."* (TLA)

Date cuenta de que no está diciendo que el "dinero es perverso", pero sí que el "amor al dinero" es perverso. Si la búsqueda del éxito financiero se atraviesa en el camino de tu búsqueda de Dios, estás yendo por el camino equivocado, así que hay que ser bien cuidadosos con eso. Y Dios dice claramente que Él no te ayudará a ser próspero si tú le das la espalda:

"El de corazón perverso jamás prospera; el de lengua engañosa caerá en desgracia." Proverbios 17.20 (NVI)

Eso no significa que no podrás prosperar, pero si Dios no va a ser quien dirija tu prosperidad, ¿adivina quién lo hará? Solamente digamos que es alguien con quien no te quieres alinear. Así que mientras buscas el éxito, necesitas detenerte un momento y reflexionar con algunas preguntas:

- ¿Me preocupa más lo que Dios piense de mi o lo que mis colegas piensen de mi?
- ¿Paso más tiempo pensando en cómo hacer más dinero o más tiempo meditando en las cosas de Dios?
- ¿Estoy dispuesto a cruzar la línea en las cosas morales o éticas para salir adelante o me aseguro de ser completamente honesto en todo lo que hago?
- ¿Estoy buscando la prosperidad para servirle a Dios o solamente para llevarme bien con Él?

Estas son algunas de las preguntas que yo haría, a lo mejor se te pueden ocurrir unas cuantas más. El punto es que no quiero perder al Dios que es dueño de todo el universo si en mi búsqueda por la prosperidad me quedo con sólo una pequeña parte de lo que Él tiene reservado para mi.

4. Trabaja duro y planifica bien

Esto es algo que muchas personas prefieren evitar, pero el hecho es que no puedes ser próspero sin estos dos ingredientes. Hay un dicho que dice "tienes que planear tu trabajo y ponerte a trabajar en tu plan." Esto es absolutamente cierto para cualquiera que quiera ser exitoso.

Muchos de nosotros somos como el granjero que de mañana fue a recoger los huevos par ese día. Mientras caminaba por el patio hacia el gallinero, vio una cañería que estaba goteando, así que se detuvo a arreglarla. Ésta necesitaba una arandela nueva, por lo que se dirigió al granero para conseguir una, pero de camino vio que el pajar estaba desordenado, así que fue a buscar el rastrillo. Colgando junto al rastrillo estaba una escoba con el mango roto. "Tengo que recordarme de comprar un nuevo mango de escoba la próxima vez que vaya al pueblo." Para este momento es claro que el granjero no va a recoger los huevos ni tampoco va a cumplir con ninguna de las otras tareas. Tal vez él sea absoluta y notoriamente espontáneo, pero difícilmente sea libre. El es, de hecho, un prisionero de su desenfrenada espontaneidad. El punto es que el trabajo duro, la planificación y la disciplina personal son la única manera de lograr una sana prosperidad en cualquier emprendimiento que vayamos a realizar.

Considera estas sabias palabras:

"El que labra su tierra tendrá abundante comida, pero el que sueña despierto es un imprudente." Proverbios 12:11 (NVI)

O como lo dice la Nueva Traducción Viviente: *"El que se esfuerza en su trabajo tiene comida en abundancia, pero el que persigue fantasías no tiene sentido común."*

"El alma del perezoso desea, y nada alcanza; mas el alma de los diligentes será prosperada." Proverbios 13.4 (RVR60)

"Los pensamientos del diligente ciertamente tienden a la abundancia; mas todo el que se apresura alocadamente, de cierto va a la pobreza." Proverbios 21.5 (RVR60)

Esta rima (el mismo versículo anterior pero en otra versión) vale memorizarla:

*"Cuando las cosas se piensan bien,
el resultado es provechoso.
Cuando se hacen a la carrera,
el resultado es desastroso."* (TLA)

Ahora, a menos que estés a punto de recibir una gran herencia, te aseguro que no vas a hacerte próspero simplemente por suerte ni por quedarte sentado esperando que llegue. Dios dice que si quieres ser próspero, debes crear un plan y ponerte a trabajar en él. Sin excusas, sin demorarte: simplemente hazlo.

5. Confía en el Señor con todo tu corazón

A lo mejor debería de haber comenzado con esta, pero pensé que sería mejor dejarlo para el final como un recordatorio. En todo lo que hacemos tenemos que depositar continuamente nuestra confianza en el Señor. No sé cómo te encuentras financieramente en este momento. A lo mejor estás a punto de declararte en bancarrota, o puedes tener tanto dinero que no sabes qué hacer con él. O incluso has estado haciendo todo lo que he mencionado hasta el momento pero aún no te sientes próspero. Considera este pasaje de las Escrituras:

"La avaricia provoca pleitos; confiar en el Señor resulta en la prosperidad." Proverbios 28:25 (NTV)

En otras palabras: *"El amor al dinero es causa de pleitos. Confía en Dios, y prosperarás."* (TLA)

No importa cuán desolada se vea tu situación en este momento, tienes que seguir creyendo que Dios sabe qué es lo mejor para ti y que Él va a hacer todo lo necesario en Su propio tiempo, ya sea que lo entendamos o no. También pienso que confiar en el Señor nos obliga a redefinir lo que entendemos por prosperidad, porque la verdad es que comparados con muchas partes del mundo, ya eres extremadamente próspero.

Como creo que ya lo dejé claro, no veo nada de malo en procurar ser exitoso e incluso buscar la comodidad material, pero mientras lo hacemos, no hay que olvidarse que el Dios en quien confiamos para el futuro ha estado cuidándonos en el pasado. No importa lo que suceda, necesitamos recordar que Dios nos ha probado día a día que podemos confiar en Él. Por esa razón es que continuamos depositando nuestra fe en Él sin importar nada más.

Guía de estudio

Cómo Conseguir Sabiduría

Me pareció muy apropiado incluir una guía de estudio para aprender más sobre este magnífico libro. Por favor lee Proverbios 1:1-33, incluido a continuación y responde las siguientes preguntas. Te animo a que anotes todas tus respuestas y cualquier comentario que tengas en un block de notas o mejor aún, en tu diario espiritual.

1 Los proverbios de Salomón, hijo de David, rey de Israel.
2 Para entender sabiduría y doctrina,
Para conocer razones prudentes,
3 Para recibir el consejo de prudencia,
Justicia, juicio y equidad;
4 Para dar sagacidad a los simples,
Y a los jóvenes inteligencia y cordura.
5 Oirá el sabio, y aumentará el saber,

Y el entendido adquirirá consejo,
6 Para entender proverbio y declaración,
Palabras de sabios, y sus dichos profundos.
7 El principio de la sabiduría es el temor de Jehová;
Los insensatos desprecian la sabiduría y la enseñanza.
8 Oye, hijo mío, la instrucción de tu padre,
Y no desprecies la dirección de tu madre;
9 Porque adorno de gracia serán a tu cabeza,
Y collares a tu cuello.
10 Hijo mío, si los pecadores te quisieren engañar,
No consientas.
11 Si dijeren: Ven con nosotros;
Pongamos asechanzas para derramar sangre,
Acechemos sin motivo al inocente;
12 Los tragaremos vivos como el Seol,
Y enteros, como los que caen en un abismo;
13 Hallaremos riquezas de toda clase,
Llenaremos nuestras casas de despojos;
14 Echa tu suerte entre nosotros;
Tengamos todos una bolsa.
15 Hijo mío, no andes en camino con ellos.
Aparta tu pie de sus veredas,
16 Porque sus pies corren hacia el mal,
Y van presurosos a derramar sangre.
17 Porque en vano se tenderá la red
Ante los ojos de toda ave;
18 Pero ellos a su propia sangre ponen asechanzas,
Y a sus almas tienden lazo.
19 Tales son las sendas de todo el que es dado a la codicia,
La cual quita la vida de sus poseedores.
20 La sabiduría clama en las calles,
Alza su voz en las plazas;
21 Clama en los principales lugares de reunión;

Consejos Prácticos Para Vivir Feliz

En las entradas de las puertas de la ciudad dice sus razones.
22 ¿Hasta cuándo, oh simples, amaréis la simpleza,
Y los burladores desearán el burlar,
Y los insensatos aborrecerán la ciencia?
23 Volveos a mi reprensión;
He aquí yo derramaré mi espíritu sobre vosotros,
Y os haré saber mis palabras.
24 Por cuanto llamé, y no quisisteis oír,
Extendí mi mano, y no hubo quien atendiese,
25 Sino que desechasteis todo consejo mío
Y mi reprensión no quisisteis,
26 También yo me reiré en vuestra calamidad,
Y me burlaré cuando os viniere lo que teméis;
27 Cuando viniere como una destrucción lo que teméis,
Y vuestra calamidad llegare como un torbellino;
Cuando sobre vosotros viniere tribulación y angustia.
28 Entonces me llamarán, y no responderé;
Me buscarán de mañana, y no me hallarán.
29 Por cuanto aborrecieron la sabiduría,
Y no escogieron el temor de Jehová,
30 Ni quisieron mi consejo,
Y menospreciaron toda reprensión mía,
31 Comerán del fruto de su camino,
Y serán hastiados de sus propios consejos.
32 Porque el desvío de los ignorantes los matará,
Y la prosperidad de los necios los echará a perder;
33 Mas el que me oyere, habitará confiadamente
Y vivirá tranquilo, sin temor del mal.

Para comenzar, ¿Recuerdas algún buen consejo que hayas recibido en tu juventud?

1. Volviendo al pasaje que acaba de leer ¿Quién fue el

autor principal de los Proverbios? ¿Qué nos dice el primer versículo acerca de su persona?

2. Según el pasaje, ¿Con qué propósito escribió Salomón este libro? (versículos 2 al 4) ¿Para quiénes escribió los Proverbios? (versículos 2 al 6)

3. El versículo 7 nos dice cómo obtener sabiduría. ¿Cuál te parece que es el secreto?

4. Parece que las palabras de Salomón van dirigidas hacia alguien en especial, ¿Quién es esa persona? (versículos 8-10 y 15) ¿Qué tipo de consejos le da Salomón aquí?

5. Detalla las tentaciones que el joven encontrará en su camino. (Versículos 11 al 14)

6. ¿Por qué piensas que el joven no debe andar con los pecadores? (versículos 15 al 19)

7. Relata con tus propias palabras la invitación de la sabiduría. (Versículos 20 al 23)

8. Según los versículos 24 al 32, ¿Qué le sucederá al joven que no le hace caso a la sabiduría?

9. ¿Cuál es la promesa para el que sí oye a la sabiduría? (versículo 33)

10. Lee otra vez el versículo 7. ¿Qué es necesario hacer para lograr ser una persona sabia?

Excelencias de la Sabiduría

Ahora leemos Proverbios 2:1-22

2:1 Hijo mío, si recibieres mis palabras,
Y mis mandamientos guardares dentro de ti,
2 Haciendo estar atento tu oído a la sabiduría;
Si inclinares tu corazón a la prudencia,
3 Si clamares a la inteligencia,
Y a la prudencia dieres tu voz;
4 Si como a la plata la buscares,
Y la escudriñares como a tesoros,
5 Entonces entenderás el temor de Jehová,
Y hallarás el conocimiento de Dios.
6 Porque Jehová da la sabiduría,
Y de su boca viene el conocimiento y la inteligencia.
7 El provee de sana sabiduría a los rectos;
Es escudo a los que caminan rectamente.
8 Es el que guarda las veredas del juicio,
Y preserva el camino de sus santos.
9 Entonces entenderás justicia, juicio
Y equidad, y todo buen camino.
10 Cuando la sabiduría entrare en tu corazón,
Y la ciencia fuere grata a tu alma,
11 La discreción te guardará;
Te preservará la inteligencia,
12 Para librarte del mal camino,
De los hombres que hablan perversidades,
13 Que dejan los caminos derechos,
Para andar por sendas tenebrosas;
14 Que se alegran haciendo el mal,
Que se huelgan en las perversidades del vicio;
15 Cuyas veredas son torcidas,

Y torcidos sus caminos.
16 Serás librado de la mujer extraña,
De la ajena que halaga con sus palabras,
17 La cual abandona al compañero de su juventud,
Y se olvida del pacto de su Dios.
18 Por lo cual su casa está inclinada a la muerte,
Y sus veredas hacia los muertos;
19 Todos los que a ella se lleguen, no volverán,
Ni seguirán otra vez los senderos de la vida.
20 Así andarás por el camino de los buenos,
Y seguirás las veredas de los justos;
21 Porque los rectos habitarán la tierra,
Y los perfectos permanecerán en ella,
22 Mas los impíos serán cortados de la tierra,
Y los prevaricadores serán de ella desarraigados.

1. ¿Cuáles son las cosas que al autor nos estimula a hacer? Si hacemos estas cosas, ¿qué recibiremos? (Versículos 1 al 5)

2. ¿Cuál es la relación entre Dios y la sabiduría? (Versículos 6 al 8)

3. Menciona las consecuencias de la sabiduría (Versículos 9 al 15)

5. En los versículos 16 al 19 hay como un paréntesis, donde el padre advierte a su hijo de un peligro muy común. ¿Cuál es esa advertencia?

6. Menciona otras ventajas de la sabiduría (Versículos 20-22)

7. Por qué piensas que la gente no busca la sabiduría con más ímpetu?

8. De todo lo que has leído ¿Cuáles son las ventajas de la sabiduría que te parecen más interesantes? ¿Por qué?

Exhortación a la obediencia

Ahora leemos el siguiente capítulo, Proverbios 3:1-35.

3:1 Hijo mío, no te olvides de mi ley,
Y tu corazón guarde mis mandamientos;
2 Porque largura de días y años de vida
Y paz te aumentarán.
3 Nunca se aparten de ti la misericordia y la verdad;
Atalas a tu cuello,
Escríbelas en la tabla de tu corazón;
4 Y hallarás gracia y buena opinión
Ante los ojos de Dios y de los hombres.
5 Fíate de Jehová de todo tu corazón,
Y no te apoyes en tu propia prudencia.
6 Reconócelo en todos tus caminos,
Y él enderezará tus veredas.
7 No seas sabio en tu propia opinión;
Teme a Jehová, y apártate del mal;
8 Porque será medicina a tu cuerpo,
Y refrigerio para tus huesos.
9 Honra a Jehová con tus bienes,
Y con las primicias de todos tus frutos;
10 Y serán llenos tus graneros con abundancia,
Y tus lagares rebosarán de mosto.
11 No menosprecies, hijo mío, el castigo de Jehová,
Ni te fatigues de su corrección;
12 Porque Jehová al que ama castiga,
Como el padre al hijo a quien quiere.
13 Bienaventurado el hombre que halla la sabiduría,
Y que obtiene la inteligencia;
14 Porque su ganancia es mejor que la ganancia de la plata,

Y sus frutos más que el oro fino.
15 Más preciosa es que las piedras preciosas;
Y todo lo que puedes desear, no se puede comparar a ella.
16 Largura de días está en su mano derecha;
En su izquierda, riquezas y honra.
17 Sus caminos son caminos deleitosos,
Y todas sus veredas paz.
18 Ella es árbol de vida a los que de ella echan mano,
Y bienaventurados son los que la retienen.
19 Jehová con sabiduría fundó la tierra;
Afirmó los cielos con inteligencia.
20 Con su ciencia los abismos fueron divididos,
Y destilan rocío los cielos.
21 Hijo mío, no se aparten estas cosas de tus ojos;
Guarda la ley y el consejo,
22 Y serán vida a tu alma,
Y gracia a tu cuello.
23 Entonces andarás por tu camino confiadamente,
Y tu pie no tropezará.
24 Cuando te acuestes, no tendrás temor,
Sino que te acostarás, y tu sueño será grato.
25 No tendrás temor de pavor repentino,
Ni de la ruina de los impíos cuando viniere,
26 Porque Jehová será tu confianza,
Y él preservará tu pie de quedar preso.
27 No te niegues a hacer el bien a quien es debido,
Cuando tuvieres poder para hacerlo.
28 No digas a tu prójimo: Anda, y vuelve,
Y mañana te daré,
Cuando tienes contigo qué darle.
29 No intentes mal contra tu prójimo
Que habita confiado junto a ti.
30 No tengas pleito con nadie sin razón,

Si no te han hecho agravio.
31 No envidies al hombre injusto,
Ni escojas ninguno de sus caminos.
32 Porque Jehová abomina al perverso;
Mas su comunión íntima es con los justos.
33 La maldición de Jehová está en la casa del impío,
Pero bendecirá la morada de los justos.
34 Ciertamente él escarnecerá a los escarnecedores,
Y a los humildes dará gracia.
35 Los sabios heredarán honra,
Mas los necios llevarán ignominia.

1. Si miras con atención los versículos 1 al 10 hay algo especial en cuanto su organización poética. ¿Cuál te parece que es esa característica?

2. Si tuvieras que resumir la instrucción y la promesa de cada uno de estos versículos en una sola línea, ¿cómo lo harías?

3. ¿Cómo aplica Dios la corrección y cuando? (Versículos 11 al 12)

4. ¿Cómo es el hombre que tiene sabiduría? (Versículos 13 al 18)

5. ¿Tiene algo que ver la sabiduría con la creación de todo el universo? ¿Por qué? (Versículos 19 al 20)

6. Menciona las virtudes de la persona sabia que se describen en los versículos 21 al 26.

7. Lee nuevamente los versículos 27 al 31 y menciona los consejos prácticos que da Salomón.

8. Menciona los motivos por las cuales es bueno seguir estos consejos (versículos 32 al 35)

9. Hay un pasaje que explica con más detalle lo que leíste en los versículos 11 al 12. Lee Hebreos 12:4-13:

"Porque aún no habéis resistido hasta la sangre, combatiendo contra el pecado; y habéis ya olvidado la exhortación que como a hijos se os dirige, diciendo:
Hijo mío, no menosprecies la disciplina del Señor,
Ni desmayes cuando eres reprendido por él;
Porque el Señor al que ama, disciplina,
Y azota a todo el que recibe por hijo.
Si soportáis la disciplina, Dios os trata como a hijos; porque ¿qué hijo es aquel a quien el padre no disciplina?
Pero si se os deja sin disciplina, de la cual todos han sido participantes, entonces sois bastardos, y no hijos.
Por otra parte, tuvimos a nuestros padres terrenales que nos disciplinaban, y los venerábamos,
¿Por qué no obedeceremos mucho mejor al Padre de los espíritus, y viviremos?
Y aquéllos, ciertamente por pocos días nos disciplinaban como a ellos les parecía, pero éste para lo que nos es provechoso, para que participemos de su santidad.
Es verdad que ninguna disciplina al presente parece ser causa de gozo, sino de tristeza; pero después da fruto apacible de justicia a los que en ella han sido ejercitados.
Por lo cual, levantad las manos caídas y las rodillas paralizadas; y haced sendas derechas para vuestros pies, para que lo cojo no se salga del camino, sino que sea sanado."

¿Cómo puede animarte este pasaje en medio de tus dificultades actuales?

10. De todos los beneficios de la sabiduría que has leído, ¿cuáles te llaman más la atención?

Andrés Reina

Sabiduría para Muchas Generaciones

Comencemos leyendo Proverbios 4:1-22:

4:1 "Oíd, hijos, la enseñanza de un padre,
Y estad atentos, para que conozcáis cordura.
2 Porque os doy buena enseñanza;
No desamparéis mi ley.
3 Porque yo también fui hijo de mi padre,
Delicado y único delante de mi madre.
4 Y él me enseñaba, y me decía:
Retenga tu corazón mis razones,
Guarda mis mandamientos, y vivirás.
5 Adquiere sabiduría, adquiere inteligencia;
No te olvides ni te apartes de las razones de mi boca;
6 No la dejes, y ella te guardará;
Amala, y te conservará.
7 Sabiduría ante todo; adquiere sabiduría;
Y sobre todas tus posesiones adquiere inteligencia.
8 Engrandécela, y ella te engrandecerá;
Ella te honrará, cuando tú la hayas abrazado.
9 Adorno de gracia dará a tu cabeza;
Corona de hermosura te entregará.
10 Oye, hijo mío, y recibe mis razones,
Y se te multiplicarán años de vida.
11 Por el camino de la sabiduría te he encaminado,
Y por veredas derechas te he hecho andar.
12 Cuando anduvieres, no se estrecharán tus pasos,
Y si corrieres, no tropezarás.
13 Retén el consejo, no lo dejes;
Guárdalo, porque eso es tu vida.
14 No entres por la vereda de los impíos,
Ni vayas por el camino de los malos.

15 Déjala, no pases por ella;
Apártate de ella, pasa.
16 Porque no duermen ellos si no han hecho mal,
Y pierden el sueño si no han hecho caer a alguno.
17 Porque comen pan de maldad, y beben vino de robos;
18 Mas la senda de los justos es como la luz de la aurora,
Que va en aumento hasta que el día es perfecto.
19 El camino de los impíos es como la oscuridad;
No saben en qué tropiezan.
20 Hijo mío, está atento a mis palabras;
Inclina tu oído a mis razones.
21 No se aparten de tus ojos;
Guárdalas en medio de tu corazón;
22 Porque son vida a los que las hallan,
Y medicina a todo su cuerpo.
23 Sobre toda cosa guardada, guarda tu corazón;
Porque de él mana la vida.
24 Aparta de ti la perversidad de la boca,
Y aleja de ti la iniquidad de los labios.
25 Tus ojos miren lo recto,
Y diríjanse tus párpados hacia lo que tienes delante.
26 Examina la senda de tus pies,
Y todos tus caminos sean rectos.
27 No te desvíes a la derecha ni a la izquierda;
Aparta tu pie del mal."

1. ¿Has recibido enseñanzas de tus padres que te gustaría pasarla a tus hijos? ¿Cuáles?

2. Hay gente que dice que una generación no puede aprender nada de la generación anterior, porque el mundo se renueva y cambia constantemente ¿de qué manera los versículos 3 al 9 refutan tal afirmación?

3. Lee nuevamente los versículos 10 al 17 y menciona:

-¿Qué debe hacer el hijo?

-¿Qué debe evitar?

-¿Cuáles son los beneficios de seguir la sabiduría?

4. ¿Qué opinas del contraste que vemos en los versículos 18 al 19?

5. ¿Qué tan importantes son las palabras? (Versículos 20 al 24)

6. Este versículo es muy conocido, ¿Por qué te parece que es importante este consejo? (versículos 23)

7. Detalla el estilo de vida recomendado en los versículos 25 al 27.

8. ¿Cuáles son las actividades que desvían tu corazón con facilidad? ¿Por qué es importante guardar tu corazón?

Libro de Regalo

En este libro encontrará consejos y enseñanzas provenientes de varios sabios del pueblo de Israel. Partiendo de experiencias individuales y comunitarias, estos sabios recogieron enseñanzas para el bien de su pueblo. La mayoría de estas enseñanzas fueron transmitidas en forma oral, y de padres a hijos. Buena parte de ellas ha llegado hasta nosotros en forma escrita, en el libro que se conoce hoy día como el Libro de Proverbios.

Los proverbios son enseñanzas breves, de no más de dos líneas poéticas, que resumen la experiencia diaria de un pueblo o comunidad.

Descárgalo desde Editorialimagen.com – Puedes ingresar al sitio y buscar "Consejos para vivir mejor" o escribir este link en tu navegador:

http://editorialimagen.com/dd-product/consejos-para-vivir-mejor/

Recursos para tu edificación

Me gustaría mucho seguir en contacto contigo, por eso te invito a que nos visites en los siguientes sitios:

(http://www.facebook.com/devociontotal)
(http://twitter.com/musicacristiana)
(http://www.youtube.com/devociontotal)
(http://pinterest.com/devociontotal)
(https://plus.google.com/+Devociontotalcom)
(http://devociontotal.com/whatsapp)

Si deseas recibir nuestro boletín puedes suscribirte gratis visitando la siguiente página:

www.devocionmusical.com/boletin_suscripcion.htm

Recibirás música, videos, CDs para descargar, más libros como éste y lo más importante: una Palabra de Dios para ti.

Para finalizar, te dejo una lista de sitios web que puede ayudarte en tu relación con Dios a través de recursos musicales, videos y material de edificación.

Devoción Total
(www.DevocionTotal.com): Red de sitios cristianos dedicada a proveer recursos para la evangelización y la edificación de los creyentes en Cristo Jesús. Encontrarás prédicas, música, mp3s, videos, reflexiones

cristianas, devocionales y mucho más.

CD Virtual GRATIS
(www.DevocionTotal.com/cdvirtual/) Un CD completo para descargar que contiene la música de cantantes cristianos independientes en archivos MP3, un librito y otras sorpresas dentro!

Sermones Cristianos.NET
(SermonesCristianos.NET): Descarga gratis sermones en audio mp3, prédicas cristianas y estudios bíblicos. También predicaciones escritas y en video.

Estudios Bíblicos
(www.EstudiosBiblicosCristianos.NET): Materias del Instituto Bíblico Palabra de Fe que ahora puedes leer y consultar en línea.

Mensajes Cristianos
(www.MensajesCristianos.NET): Un devocional de aliento para tu vida tomado de la Biblia. La Palabra de Dios: Un mensaje para cada día del año

Aplicaciones Cristianas
(www.AplicacionesCristianas.com): Diferentes aplicaciones gratis para dispositivos móviles con sistema operativo Android, Apple y Nokia: Devocionales, Libros, Música y Videos.

Estamos en contacto!
Andrés y todo el Equipo de
DevocionTotal.com

Estimado Lector:

Nos interesan mucho tus comentarios y opiniones sobre esta obra.

Puedes escribirnos por correo electrónico a la dirección info@editorialimagen.com.

Si deseas más libros puedes visitar el sitio de Editorial Imagen en la siguiente dirección web:

Editorialimagen.com

Allí podrás ver los nuevos títulos disponibles y aprovechar los descuentos y precios especiales que publicamos cada semana.

Allí mismo puedes contactarnos directamente si tienes dudas, preguntas o cualquier sugerencia. ¡Esperamos saber de ti!

Más Libros del Autor

Vida Cristiana Victoriosa - Fortalece tu fe para caminar más cerca de Dios

En este libro descubrirás cómo vivir la vida victoriosa, Cómo ser amigo de Dios y ganarse Su favor, Lo que hace la diferencia, Cómo te ve Dios, Cómo ser un guerrero de Dios, La grandeza de nuestro Dios, La verdadera adoración, Cómo vencer la tentación y Por qué Dios permite el sufrimiento, entre muchos otros temas.

30 días con Dios - Lecturas diarias que te fortalecerán y te acercarán al Padre

Lo que leerás a continuación es un devocional que hemos preparado con algunas de las reflexiones que ya hemos enviado por correo electrónico a miles de personas alrededor del mundo desde al año 2004

 **30 días con Dios – Volumen 2** - Lecturas diarias que te fortalecerán y te acercarán al Padre

Este es el segundo libro de la serie "30 días con Dios", en el cual compartimos algunas de las reflexiones que ya hemos enviado por correo electrónico a miles de personas alrededor del mundo desde al año 2004.

 **Promesas de Dios para Colorear** - Medita en verdades bíblicas mientras expresas tu creatividad

Deja que la Palabra de Dios transforme tu corazón mientras calmas tu espíritu, alivias el estrés cotidiano y relajas tu mente con este libro para colorear para adultos cristianos. Sumérgete en las promesas de la Biblia con versículos seleccionados y cuidadosamente ubicados para que puedas meditar en ellos a medida que coloreas.

Más libros de Interés

Promesas de Dios para Cada Día - Promesas de la Biblia para guiarte en tu necesidad

Nuestro Padre es un Dios de Amor y no retiene ningún bien. En Su Palabra encontramos los regalos y bendiciones que nuestro Padre tiene para nosotros.

Harto de Religión - Pero deseoso del Dios vivo

Si tuviera que definir en muy pocas palabras el objetivo que persigue este libro, diría que, con una inocultable nostalgia, Picone pide volver a los tiempos del "primer amor", como reza Apocalipsis, donde quizás había menos luces, menos rayos láser, menos marketing y más simpleza y profundidad en la fe.

Instinto de Conquista

Es un libro motivacional, que desafía la inquietud de cualquier persona que anhele un cambio en su vida y no sabe por dónde comenzar.

Perlas de Sabiduría – Un devocional - 60 días descubriendo verdades en la Palabra de Dios

Una perla que se produce en el mar tiene un valor muy alto. Ha comenzado por ser un diminuto grano de arena para luego convertirse en algo muy bello que muchos buscan y codician.

Gracia para Vivir - Descubre cómo vivir la vida cristiana y ser parte de los planes de Dios

Martin Field, nos comparte en este libro sobre la gracia que proviene de Dios. La misma gracia que trae salvación también nos enseña cómo vivir mientras esperamos la venida de Jesús.

Sanidad para el Alma Herida - Como sanar las heridas del corazón y confrontar los traumas para obtener verdadera libertad espiritual

Este es un libro teórico y práctico sobre sanidad interior.

Cómo hablar con Dios – Aprendiendo a orar paso a paso

A veces complicamos algo que nuestro Señor quiere que sea sencillo, es por esto que en este libro podrás encontrar detalladamente las respuestas a las preguntas: ¿Cómo debo orar? ¿Qué me garantiza que Dios me va a responder? ¿Qué palabras debo usar?

Dios Contigo - Tu Padre quiere hablarte y tiene un mensaje para ti

Varios autores se han reunido para darle forma a este libro, cuya intención es acercarte más al corazón de Dios.

Espíritu Santo, ¡Sopla En Mí! - Aprendiendo los secretos para un vida de poder espiritual

¿Realmente queremos vivir una experiencia que revolucione nuestro presente, que haga la diferencia entre la muerte y la vida espiritual? De eso trata este libro. Te guiará a conocer al Espíritu Santo como persona. También aprenderás que es posible vivir una vida llena de su presencia.

Engrandeced a Nuestro Dios - Cómo experimentar la verdadera comunión con Dios

Desde el principio Dios siempre ha buscado al hombre. Su inmenso corazón de Padre lleno de amor ha anhelado una relación íntima y especial con cada uno de nosotros.

Teniendo en cuenta la prioridad número uno que debemos tener en nuestro corazón, el pastor Jorge Lozano nos expresa conceptos basados en la Palabra de Dios

www.ingramcontent.com/pod-product-compliance
Lightning Source LLC
Chambersburg PA
CBHW070110080526
44586CB00013B/1247